Heinrich Bedford-Strohm (Hg.)

Glück-Seligkeit

Theologische Rede vom Glück
in einer bedrohten Welt

Neukirchener Theologie

Dieses Buch wurde auf FSC-zertifiziertem Papier gedruckt. FSC (Forest Stewardship Council) ist eine nichtstaatliche, gemeinnützige Organisation, die sich für eine ökologische und sozialverantwortliche Nutzung der Wälder unserer Erde einsetzt.

Bibliografische Information der Deutschen Nationalbibliothek

Die Deutsche Nationalbibliothek verzeichnet diese Publikation in der Deutschen Nationalbibliografie; detaillierte bibliografische Daten sind im Internet über http://dnb.d-nb.de abrufbar.

© 2011
Neukirchener Verlagsgesellschaft mbH, Neukirchen-Vluyn
Alle Rechte vorbehalten
Lektorat: Ekkehard Starke
Umschlaggestaltung: Andreas Sonnhüter, Düsseldorf
Umschlagabbildung: © collpicto/istockphoto.com
DTP: Yvonne Schönau
Gesamtherstellung: Hubert & Co., Göttingen
Printed in Germany
ISBN 978-3-7887-2493-1
www.neukirchener-verlage.de

Inhalt

Heinrich Bedford-Strohm
Das Glück und die Theologie
Einleitende Überlegungen 7

Ulrike Link-Wieczorek
Glück als Lebensinhalt?
Herausforderungen für die Theologie im gegenwärtigen
philosophisch-sozialwissenschaftlichen Diskurs 16

Christian Illies
Vom Glück des sich entziehenden Glücks
Philosophisch-anthropologische Überlegungen 37

Isolde Karle
Das Streben nach Glück
Eine Auseinandersetzung mit der Beratungsgesellschaft 51

Thomas Naumann
Glück in der Bibel – einige Aspekte 69

Ralf Miggelbrink
Können Christen von Glück reden?
Theologische Überlegungen im Anschluss an eine
Wiederentdeckung der Kategorie der Lebensfülle 90

Christiane Bindseil
Christuswirklichkeit und ästhetische Rezeption
Über das Glück bei Dietrich Bonhoeffer und
Theodor W. Adorno 101

Piet Naudé
Modelle von Glückseligkeit
Eine südafrikanische Perspektive 119

Jürgen Moltmann
Glück-Seligkeit 128

Gerdi Nützel / Heino Falcke / Ulrike Bundschuh
»Woran erkennen wir, dass wir – durch Glück oder Unglück –
dieser Seligkeit entgegen gehen?«
Predigt über drei Aspekte des Glücks 131

Rainer Strunk
Andacht 138

Autorinnen und Autoren 142

HEINRICH BEDFORD-STROHM

Das Glück und die Theologie

Einleitende Überlegungen

»Glück-Seligkeit – Theologische Rede vom Glück in einer bedrohten Welt« –: Darüber zu reflektieren und zu diskutieren lohnt sich vor allem aus zwei Gründen: Der erste Grund ist die Beobachtung, dass es gegenwärtig kaum ein Thema der Sinnproduktion und Sinnvermarktung gibt, das breitere Kreise zieht als das Glücksthema. Allein wegen dieser fast magischen Anziehungskraft des Glücksbegriffs tut die Theologie gut daran, sich damit zu beschäftigen. Es genügt jedenfalls nicht, sich angesichts so mancher Banalität in der literarischen Angebotslandschaft zum Thema Glück genervt abzuwenden und im Lichte der inflationären Beschäftigung mit diesem Begriff in der jüngsten Zeit davon zu schweigen oder sogar einen expliziten »Glücksboykott« auszurufen.
Das hat mit dem zweiten Grund zu tun: Glück ist ein urbiblisches Thema, das zu ignorieren theologisch unverantwortlich wäre. Schon die allseits bekannte Tatsache, dass eine der meistzitierten Textpassagen des Neuen Testaments, die Seligpreisungen, die »Glück« explizit thematisiert, zeigt dessen biblische Bedeutung. Mit guten Gründen ist das dort gebrauchte griechische Wort »*makarios*« immer wieder auch mit »glücklich« übersetzt worden. An den Seligpreisungen lässt sich zeigen: Das Evangelium vom Reich Gottes ist etwas, was uns im Innersten berührt, was unsere Seele trifft, was unsere Seele mit der Welt verbindet, was die Leidenschaft für das Ergehen der Welt, also das Leiden unter Unrecht und Gewalt und die Hoffnung auf eine neue Welt, in unser Herz hineinschreibt.
Wenn das so ist, wie könnte dann die Frage nach der Glück-Seligkeit in einer bedrohten Welt zum Nebenthema werden? Wie könnten Kirche und Theologie stumm bleiben, wenn sich ein gesellschaftliches Klima ausbreitet, in dem persönlicher materieller Wohlstand, beruflicher Erfolg und ein harmonisches Familienleben zur zentralen Signatur dieses großen Begriffes des »Glücks« werden? Und wie könnte es Christenmenschen kalt lassen, wenn immer deutlicher vor Augen tritt, wie desaströs das Scheitern an einem solchen Glücksideal sich in den Biographien der Menschen auswirkt!
Das Streben nach Glück kann auch zum tragischen Überlebenskampf eines Ertrinkenden werden. Arthur Millers »Tod eines Handlungsrei-

senden« ist ein ebenso eindrucksvolles wie erschütterndes Dokument dieses verzweifelten Kampfes ums Glück, das sich in vielen Biographien heute, zumal in einer Zeit zunehmend prekärer Arbeitsverhältnisse und anderer Erscheinungsformen der Risikogesellschaft, abbildet.

Nichts wäre falscher, als aus solchen Erfahrungen des Scheiterns an einem bestimmten gegenwärtig vorherrschenden Glücksideal den Schluss zu ziehen, das Streben nach Glück als solches sei von vornherein im Konflikt mit den Grundorientierungen des christlichen Glaubens. Wer sich am Glück anderer Menschen nicht mitfreuen kann, leidet entweder nur selbst am Fehlen des Glücks oder geht einem gerade im Protestantismus nicht ganz unbekannten Verständnis des christlichen Glaubens auf den Leim, nach dem das Kreuz in sich schon eine Tugend ist und die Leidensmiene zum Gesichtsausdruck des Reiches Gottes mutiert. Aber wenn das Leiden ein Selbstzweck wäre, warum hat Jesus dann in seinen Heilungen gerade die Befreiung vom Leiden als Vorschein des Reiches Gottes verstanden? Und warum ist das Feiern, das gemeinsame Essen, die zärtliche Berührung und die Neuverteilung des materiellen Reichtums zum Markenzeichen von Jesu Reich-Gottes-Verkündigung geworden?

Es *gibt* eine christliche Lehre vom Glück. Und ihr nachzuspüren ist gerade dann wichtig, wenn die gesellschaftlich dominanten Lehren vom Glück in der Gefahr stehen, vom Ausdruck von Freiheit zur subtilen Form von Knechtschaft zu werden.

Welch kraftvolles Orientierungsangebot der christliche Glaube gerade in der gegenwärtigen gesellschaftlichen Landschaft bedeutet, wird gerade dann deutlich, wenn wir uns anschauen, zu welchen Ergebnissen moderne Glücksforscher kommen. Religion – so ihr Befund, etwas plakativ auf den Punkt gebracht – macht glücklich. Was viele Christinnen und Christen persönlich erfahren, haben die Soziologen inzwischen auch empirisch-wissenschaftlich nachgewiesen. Ihre Ergebnisse sind zuweilen sehr konkret: *Gottesdienstbesuch* macht glücklich! So eine Studie, die amerikanische Forscher vor einigen Jahren im Journal of Economic Psychology veröffentlicht haben.[1] Wenn man in der Glücksforschung liest, welch enge Verbindung zwischen den Merkmalen eines glücklichen Lebens, die sie beschreiben, und den Grundorientierungen des christlichen Glauben bestehen, muss man schon fast die Sorge entwickeln, Menschen würden nur deswegen wieder zum christlichen Glauben finden, weil sie darin, ganz nutzenorientiert, ein Ticket zum glücklichen Leben sehen. Dennoch sollten wir diese Konvergenzen wahrnehmen.

---

[1] *Daniel Mochon / Michael I. Norton / Dan Ariely*, Getting off the hedonic treadmill, one step at a time: The impact of regular religious practice and exercise on well-being, in: Journal of Economic Psychology 29 (2008), 632–642.

Ich nenne nur ein Beispiel: Der Erlanger Glücksforscher Karl-Heinz Ruckriegel formuliert auf der Basis von Forschungen in der positiven Psychologie Ratschläge zum Glück.[2] Auch das Unbehagen an manchen der darin auftauchenden Formulierungen, die den Eindruck einer Machbarkeit und Planbarkeit erwecken, sollte uns den Blick auf die erstaunliche Nähe zu tragenden biblischen Aussagen nicht verbauen. Einige der Ratschläge und ihre ins Auge fallenden Konvergenzen mit zentralen biblischen Inhalten und christlichen Traditionen seien genannt:

Erstens: »Üben Sie Dankbarkeit«. Hier wird eine Haltung empfohlen, die wie kaum etwas anderes Teil christlicher Gebetspraxis ist, ohne die kein Gottesdienst denkbar ist und die untrennbar verbunden ist mit dem Bekenntnis zu Gott als Schöpfer der Welt und als Geber unseres eigenen Lebens. Für diese Grundorientierung stehen kirchliche Feste wie das Erntedankfest, aber auch Kirchenlieder wie das altehrwürdige »Nun danket alle Gott« oder der Familiengottesdienstschlager »Danke für diesen guten Morgen« ...

Zweitens: »Seien Sie optimistisch und vermeiden Sie negatives Denken. Optimistisch zu sein bedeutet voller Zuversicht in die Zukunft zu blicken. Optimisten sind die besseren Realisten.« Sosehr die Gefahr besteht, dass ein solcher Rat im Sinne eines billigen Optimismus verstanden wird, so sehr ist die Zuversicht ein Grundsignum christlicher Existenz. Schon Dietrich Bonhoeffer hat in seiner Ethik gegenüber solchem billigen Optimismus die bleibende Bedeutung des Optimismus als »Willen zur Zukunft« betont.[3] Man darf an dieser Stelle auch auf das Werk eines Mannes verweisen, der die Gesellschaft für Evangelische Theologie nachhaltig geprägt hat und der in seinem Lebenswerk gerade jetzt einen großen Bogen geschlossen hat von der Theologie der Hoffnung 1964[4] hin zu der 2009 erschienenen »Ethik der Hoffnung«.[5] Sein Essay in diesem Buch ist ein weiteres Zeugnis für diese Lebenszuversicht, die alles andere ist als billiger Optimismus.

Drittens: »Vermeiden Sie Grübeleien ... und soziale Vergleiche. Neid und Glück passen nicht zusammen.« Wer diesen Rat hört, denkt an das Gleichnis von den Arbeitern im Weinberg, die den Wert ihres Lohns allein am Vergleich mit den anderen festmachen (Mt 20,1–16). Dem

---

2 *Karl-Heinz Ruckriegel*, www.zukunftszentrale.de/home/newsdetails/article/interview-mit-einem-gluecksforscher.html (4.9.2011).
3 *Dietrich Bonhoeffer*, Widerstand und Ergebung. Briefe und Aufzeichnungen aus der Haft, DBW 8, *Ch. Gremmels / E. Bethge / R. Bethge* (Hg.), München 1998.
4 *Jürgen Moltmann*, Theologie der Hoffnung. Untersuchungen zur Begründung und zu den Konsequenzen einer christlichen Eschatologie, 13, Gütersloh 1997. Vgl. dazu: *Jürgen Moltmann / Carmen Rivuzumwami / Th. Schlag* (Hg.), Hoffnung auf Gott – Zukunft des Lebens. 40 Jahre »Theologie der Hoffnung«, Gütersloh 2005.
5 *Jürgen Moltmann*, Ethik der Hoffnung, Gütersloh, 2009. Vgl. dazu *Wolfgang Huber*, Wer hofft, kann handeln. Jürgen Moltmann – von der Theologie der Hoffnung zur Ethik der Hoffung, in EvTh 71 (2011), 153–160.

kommt in den Sinn der Streit der Jünger um den Platz am Tisch neben Jesus (Mt 20,20–28). Der oder die denkt an die Geschichte vom verlorenen Sohn und dessen Bruder, der sich im Blick auf die Liebe des Vaters zurückgesetzt fühlt (Lk 15,11–32). Es ist nicht zu gewagt, dem Glücksforscher die Bibel als eine Schule des Glücks anzuempfehlen.

Viertens: »Stärken Sie ihre sozialen Beziehungen. Wir sind soziale Wesen und daher auf andere Menschen angewiesen ...« Dass es sich hier wiederum um den Hinweis auf eine zentrale Dimension christlicher Lebensorientierung handelt, ist nicht schwer zu erkennen. Es geht um eine Orientierung, die in der Kirche als communio sanctorum ihren dichtesten Ausdruck findet, deren Horizont aber im Doppelgebot der Liebe und der Goldenen Regel auf alle Menschen ausgeweitet wird.

Fünftens: »Lernen Sie zu vergeben, das schwächt negative Emotionen.« Ohne dabei das Ziel der »Schwächung negativer Emotionen« zu verfolgen, beten viele Hunderttausend Menschen in Deutschland und viele Hundert Millionen weltweit jeden Sonntag im Gottesdienst und weit darüber hinaus im Alltag jenen gewichtigen Satz im Vater Unser: »Vergib uns unsere Schuld, wie auch wir vergeben unseren Schuldigern«. Es gibt wohl keine kraftvollere Form, den Satz des Glücksforschers zu leben, als das regelmäßige ernsthafte Beten dieser Bitte. Wie würde sich unser Leben verändern, welch kraftvolle Erneuerung des gesellschaftlichen und auch des politischen Klimas würden wir erleben, wenn das ernsthafte Beten dieser Bitte der Normalfall wäre? Und so darf man mit dem Glücksforscher durchaus sagen: Wie glücklich würde uns das machen!

Sechstens: »Leben Sie im Hier und Jetzt. Genuss und Flow schaffen Wohlbefinden, genießen Sie die Freuden des Lebens. Ständig daran zu denken, was morgen anders sein könnte, fördert das Glücklichsein nicht, sondern vermiest uns das Heute.«

Man kann auch hier kommentarlos die Bibel zitieren, um auf die Konvergenzen aufmerksam zu machen: »Sorgt nicht um euer Leben, was ihr essen und trinken werdet; auch nicht um euren Leib, was ihr anziehen werdet. Ist nicht das Leben mehr als die Nahrung und der Leib mehr als die Kleidung? Seht die Vögel unter dem Himmel an: sie säen nicht, sie ernten nicht, sie sammeln nicht in die Scheunen; und euer himmlischer Vater ernährt sie doch. Seid ihr denn nicht viel mehr als sie? ... Trachtet zuerst nach dem Reich Gottes und nach seiner Gerechtigkeit, so wird euch das alles zufallen. Darum sorgt nicht für morgen, denn der morgige Tag wird für das Seine sorgen« (Mt 6,25f.33f).

Am Ende spricht der Glücksforscher sogar noch explizit die Dimension der Transzendenz an:

Siebtens: »Kümmern Sie sich um Leib und Seele. Sport für den Körper, das bringt unmittelbar Wohlbefinden, und die Beschäftigung mit etwas Transzendenten, mit etwas, das über unser Ich hinausgeht, bringt Sinn und Tiefe in unser Leben«.

Man kann bei diesen sieben Ratschlägen fast schon den falschen Eindruck bekommen, Glück sei machbar, so wie man bei einem Kochbuch nur die richtigen Zutaten nehmen und sie richtig verarbeiten muss, um zu einem wohlschmeckenden Essen zu kommen. Und man wird auch fragen müssen, ob bei diesen Ratschlägen eigentlich die Dimension des Scheiterns und des Leidens als Dimension des Lebens genügend vorkommt.

Eines kann aber schon jetzt gesagt werden: Für die Suche nach Glück in unserer Zeit hat das Orientierungsangebot des christlichen Glaubens eine geradezu erstaunliche Bedeutung. Warum – so muss man angesichts der Konvergenzen zwischen heutiger Glücksforschung und den Überlieferungen des christlichen Glaubens fragen – wenden sich nicht wenige Menschen heute fernöstlichen Glückslehren zu, wenn die tragfähigsten Grundorientierungen gelingenden Lebens direkt vor der Tür liegen? Warum strahlen die Kirchen nicht mehr von dem Glück aus, das mit diesen Grundorientierungen verbunden ist? Brauchen wir – so will ich zugespitzt fragen – heute eine missionarische Offensive ganz neuer Art, die den Menschen unserer Zeit deutlich macht, welche Lust es ist, ein Christ oder eine Christin zu sein, und die auch ausstrahlt, wovon sie spricht? Und welche Konsequenzen hätte es für Politik und Sozialkultur, wenn wir neu lernen würden, aus der Dankbarkeit zu leben? Die einseitige Betonung der Leistung als zentraler Maßstab für die Verteilung der Ressourcen ließe sich dann jedenfalls nicht mehr aufrechterhalten. Die Rede vom »self made man« muss aus der Sicht des christlichen Glaubens als eine der großen Häresien unserer Zeit gesehen werden. Christinnen und Christen reden jedenfalls besser vom »god made man« oder »woman« und sind sich damit bewusst darüber, wie sehr unsere Existenz und alles, was wir sind und haben, eine verdankte Existenz ist, deren Früchte daher billigerweise nicht nur uns selbst, sondern allen zugutekommen.

Auch im Hinblick auf diese Konsequenz christlicher Lebensorientierung ist eine ganz erstaunliche Nähe zur modernen Glücksforschung zu vermerken. In dem gegenwärtig international intensiv diskutierten Buch der beiden englischen Gesundheitsökonomen Richard Wilkinson und Kate Picket »The Spirit Level« – auf Deutsch »Gleichheit ist Glück« wird empirisch gezeigt, dass Gesellschaften dann glücklicher werden, wenn sie egalitärer werden. Nicht das absolute materielle Niveau entscheidet über die Zufriedenheit der Menschen, sondern die Frage, ob alle daran teilhaben oder ob manche davon ausgeschlossen sind. Interessanterweise sind auch die Reichen in egalitären Gesellschaften glücklicher als in solchen, die von großen Ungleichheiten geprägt sind.[6] Es zeigt sich also, dass auch beim öffentlichen Eintreten

---

6 *Richard Wilkinson / Kate Picket*, The Spirit Level. Why More Equal Societies Almost Always Do Better, London 2009; dt.: Gleichheit ist Glück. Warum gerechte Gesellschaften für alle besser sind, Berlin ²2010.

der Kirchen für soziale Gerechtigkeit eine innere Verbindung zum Glücksthema zu identifizieren ist.
Die verschiedenen Beiträge in diesem Band wenden sich dem Thema in interdisziplinärer Perspektive zu. *Ulrike Link-Wieczorek* beschreibt in ihrem Beitrag grundlegende Herausforderungen für die Theologie im gegenwärtigen philosophisch-sozialwissenschaftlichen Diskurs. Sie zeigt zunächst anhand zahlreicher Beispiele, welche Konjunktur das Glücksthema hat, und plädiert dafür, diese Konjunktur ernst zu nehmen. Was ist überhaupt Glück? Diese Frage beantwortet sie mit einer kleinen »Phänomenologie des Glücks« und fragt dabei auch nach dem »falschen Glück«. Eine Analyse des theologischen Diskurses zum Glück zeigt, wie unterschiedlich die Antworten auf die theologische Frage nach dem Glück ausfallen können. Im biblischen Begriff des Segens als Ausdruck von Gottes fürsorgendem Begleiten zum sinnerfüllten Leben sieht sie ein tragfähiges theologisches Konzept, das Glück zu verstehen, an dem sich weiterdenken lässt.
Christian Illies nähert sich dem menschlichen Glück auf der Basis philosophisch-anthropologischer Überlegungen. Er zeigt, dass subjektive Zufriedenheit allein nicht das große Glück ausmacht, sondern zum Glück auch gehört, dass wir das, was uns beglückt, als wirklich und werthaft annehmen können, dass das Glück also nie gegen die Wahrheit oder das Gute zu gewinnen ist, eine Präzisierung, die gerade für religiöse Überlegungen zum Thema von besonderer Bedeutung ist. In einem feinsinnigen Durchgang durch die Kulturgeschichte arbeitet Illies wesentliche Charakteristika des Glücks heraus, die zu unterschiedlichen Zeiten unterschiedlich starke Konjunkturen haben. Die Bedeutung des Strebens nach Glück kommt dabei ebenso zur Sprache wie seine Unverfügbarkeit. Der Mensch – diese wichtige Einsicht gewinnt Illies – kann nur dann Glück erleben, wenn er andere Dinge nicht als Mittel zum eigenen Glücklichsein einsetzt, sondern gerade ihren Eigenwert erkennt und würdigt, ein Gedanke, der für unsere Beziehung sowohl zu den Mitmenschen als auch zu Gott von zentraler Bedeutung ist.
Wie wichtig diese Klärung für den Umgang mit dem Glück ist, zeigt auch der Beitrag von *Isolde Karle*, in dem sie sich soziologisch und theologisch mit der gegenwärtigen Ratgeberliteratur auseinandersetzt. Im Zuge der Individualisierung – so diagnostiziert sie – sieht sich das Individuum einem zunehmenden Druck ausgesetzt, sich sein eigenes Glück zu erschaffen. Ein Boom der Ratgeberliteratur ist die Folge. Die Beratungsgesellschaft geht von einer weitreichenden Gestaltbarkeit und Steuerbarkeit des Lebens aus. Der christliche Glaube – so arbeitet sie heraus – setzt hier deutlich andere Akzente: Im Vertrauen auf die Güte und Treue Gottes kann der Glaubende darauf verzichten, das Leben herbeizuzwingen, weil er weiß, dass er das Wesentliche im Leben empfängt und nicht selbst erarbeiten oder verdienen kann. Dies deut-

lich zu machen – so zeigt der Beitrag – ist eine wichtige Aufgabe von Seelsorge und Gottesdienst.

Thomas Naumanns Beitrag erschließt den Reichtum der biblischen Aussagen zum Thema Glück. Dass die in der antiken Philosophie so wichtige *eudämonia* keine nennenswerte Rolle in der Bibel spielt, ist keineswegs ein Indiz für eine biblische Glücksvergessenheit. Die biblischen Texte sprechen an vielen Stellen vom Glück eines erfüllten Lebens, auch in seiner Diesseitigkeit. Das Glück wird aber dezidiert als göttliche Gabe verstanden und impliziert die Einsicht in die Freiheit und Unergründbarkeit Gottes einerseits und daher auch die Unverfügbarkeit des guten Lebens. Konsequenz ist die Dankbarkeit als Haltung und Praxis des geglückten Lebens. Die Seligpreisungen Jesu zeigen eine markante Umwertung traditioneller Glückskonzepte. Sie fordern dazu auf, das Glück in einem bestimmten Lebenszusammenhang zu sehen und aufzusuchen und so zu leben, dass Gottes Reich schon punktuell Wirklichkeit werden kann.

Diese biblischen Impulse nimmt auch *Ralf Miggelbrinks* Beitrag auf. Er interpretiert den Gedanken der »Lebensfülle« als theologische Antwort auf die zeitgenössische Frage nach dem Glück. Unsere gegenwärtige Gesellschaft – so Miggelbrink – ist geprägt von »Mangelobsession«, die sich in einem zunehmenden Ökonomismus zeigt und der er selbst die biblische »Füllefaszination« entgegensetzt. Das Prinzip der Fülle verknüpft anthropologische Erfahrungen aus der Menschheitsgeschichte mit präsentisch-eschatologischen Erfahrungen des Neuen Testamentes. Die dankbare Annahme der fremden Unverfügbarkeit wird als Moment kultivierter Lebenskunst interpretiert, die im Unverfügbaren das Erfüllende und Beglückende zu sehen weiß.

Der Beitrag von *Christiane Bindseil* spürt der Substanz des Glücksthemas anhand zweier prominenter Konzepte aus Philosophie und Theologie nach. Mit Dietrich Bonhoeffer und Theodor W. Adorno werden zwei Denker vorgestellt, die sich beide in unterschiedlicher Weise mit dem Glücksthema auseinandergesetzt haben, und dabei manch überraschende Parallele zeigen. Stehen beide in ihren jungen Jahren dem weltlichen Glück skeptisch gegenüber, so gelangen beide in ihrer letzten Schaffenszeit zu einer Annäherung an dasselbe, wobei Bonhoeffer zu einer uneingeschränkten Wertschätzung des irdischen Glücks durchdringt, während Adorno es bestenfalls als die »Negation der Negation« ahnen kann. Dies wiederum ist möglich vor allem durch die ästhetische Rezeption, die bemerkenswerte strukturelle Analogien aufweist zur Christuswirklichkeit, in der für Bonhoeffer Glück und Leid dieser Welt aufgehoben und vor den Horizont der Auferstehung gestellt sind.

Mit dem Beitrag von *Piet Naudé* über »Glück in einer gespaltenen Welt« kommt eine südafrikanische Perspektive ins Spiel. Naudé beschreibt von diesem Kontext her vier Modelle des Verständnisses von

Glück: das für Südafrika historisch so destruktive Apartheidsmodell, nach dem die Rassensegregation wesentlicher Bestandteil eines glücklichen Lebens ist, das traditionelle afrikanische Modell, für das ein Leben enger vernetzter Gemeinschaft die zentrale Rolle spielt, das modernistische Modell, nach dem das Glück im vernünftigen Verfolgen der eigenen Zwecke liegt, sowie das christliche Modell, nach dem das Glück in der Gottesbeziehung und den damit verbundenen ethischen Orientierungen liegt. Dieses Modell, in das der Beitrag mündet, gilt es – so Naudé – im Lichte der theologischen Tradition mit Inhalt zu füllen, etwa indem die wahre Freiheit als etwas interpretiert wird, was in Christus und im Dienst für andere, besonders für Schwache, gefunden werden kann.

Jürgen Moltmanns Essay über die Glück-Seligkeit kann gelesen werden als Liebeserklärung an das Leben im Horizont des Reiches Gottes. Das Geheimnis des Glücks – so Moltmann – liegt nicht in den Händen von Fortuna oder in den Blindheiten des Schicksals. Es liegt in der vorbehaltlosen Liebe zum Leben. Diese Liebe macht uns glücksfähig und leidensfähig zugleich. Nicht der am »Noch-nicht« orientierte »eschatologische Vorbehalt« steht im Zentrum, sondern die positive am »Jetzt-schon« orientierte »eschatologische Vorwegnahme«. So sieht Moltmann im erfüllten Leben im Hier und Jetzt schon das Morgenlicht der Herrlichkeit Gottes.

Die Predigt aus dem Abschlussgottesdienst, der die Tagungen der Gesellschaft für Evangelische Theologie traditionell beschließt, ist dreigeteilt. *Gerdi Nützel*, *Heino Falcke* und *Ulrike Bundschuh* nehmen dabei unterschiedliche Aspekte des Themas auf: Glück als Kontingenz, Glück als Kommunikation und Glück als Antizipation. Auf diese Weise kommt die Vielfältigkeit, die mit diesem Thema verbunden ist, auch in der Predigt zum Ausdruck.

Den Schluss bildet eine während der Tagung gehaltene Andacht von *Rainer Strunk* über das Lied »Ich danke Gott und freue mich …« von Matthias Claudius, das etwa von den Vikaren im Finkenwalder Predigerseminar unter Dietrich Bonhoeffers Leitung bei Geburtstagen gesungen wurde. Der Beitrag und damit dann auch das ganze hier vorliegende Buch endet mit einem Vers zuversichtlicher Dankbarkeit: »Gott gebe mir nur jeden Tag. So viel ich darf zum Leben. Er gibt's dem Sperling auf dem Dach; Wie sollt' er's mir nicht geben!«

Die Tagung der Gesellschaft für Evangelische Theologie am 21.–23. Februar 2011 im Augustinerkloster Erfurt, aus der die meisten Beiträge dieses Bandes hervorgegangen sind, war das Ergebnis eines Teamwork. Der Vorstand der Gesellschaft für Evangelische Theologie hat sie konzipiert und begleitet. Die Vorbereitung und Durchführung der Tagung war nur möglich durch das große Engagement meiner Bamberger Mitarbeiter/innen, allen voran Anja Benoit und Florian Höhne, für das ich herzlich danke. Katharina Srugies danke ich darüber hinaus für die engagierte Arbeit bei der Vereinheitlichung der Fußnoten in den Manuskripten dieses Buches und Tobias Reitmeier für die Enddurchsicht.

Auch diesmal ist zahlreichen Landeskirchen für die finanzielle Unterstützung der Tagung zu danken: der Evangelisch-Reformierten Kirche in Nordwestdeutschland, der Evangelischen Kirche in Berlin-Brandenburg-Schlesische Oberlausitz, der Evangelischen Kirche im Rheinland, der Evangelischen Kirche Anhalts, der Evangelische Kirche in Mitteldeutschland, der Evangelischen Kirche in Kurhessen-Waldeck, der Evangelischen Kirche Hessen-Nassau, der Evangelischen Kirche in Baden und der Evangelischen Kirche in der Pfalz.

Hoffentlich dokumentiert dieses Buch, dass sich diese Unterstützung theologischer Arbeit gelohnt hat. Dass die Gesellschaft für Evangelische Theologie (www.gevth.de) seit längerem gerade unter den Jüngeren zahlreiche neue Mitglieder gewinnt, mag ein Indiz dafür sein.

ULRIKE LINK-WIECZOREK

Glück als Lebensinhalt?

Herausforderungen für die Theologie im gegenwärtigen
philosophisch-sozialwissenschaftlichen Diskurs

Das Glück hat Hochkonjunktur. Zur selben Zeit, in der mehr und mehr Menschen Angst haben müssen, in eine Armutsfalle zu geraten, in der die Gewaltbereitschaft Jugendlicher auf den Schulhöfen ein beängstigendes Ausmaß annimmt, in der Erwachsene sich in Beruf und Familie rettungslos in Konflikte und Mobbingstrukturen verstricken oder mit ihrer kulturellen Verschiedenheit nicht mehr zurechtkommen, zur Zeit, in der eine diffuse Angst vor einem Klima-Gau täglich genährt wird durch fast schon regelmäßig neue Bilder von Naturkatastrophen überall in der Welt, die man noch vor wenigen Jahrzehnten für einzigartig gehalten hätte – in dieser Zeit boomt das Geschäft mit dem Glück auf dem Markt der Printmedien, der Sport- und Freizeitindustrie, der Pharmazie und Medizin. Man hat fast den Eindruck, als sei die Welt jetzt kompliziert und bedroht genug, um sich auf sehr elementare Lebensbedürfnisse zurückzubesinnen: Nach einer Umfrage des EMNID-Instituts antworteten 1998 auf die Frage »Was macht glücklich?«: Freundschaft 95,5 %, Familie 93,6 %, Liebe 93,5 %, Freizeit 91,2 %, Urlaub 83,0 % und schließlich Glaube 48,6 %.[1] Glücksforschungsinstitute schießen wie Pilze aus dem Boden und untersuchen empirisch und theoretisch-analytisch die verschiedenen Facetten des Glücklichseins und -seinwollens – Ursachen, Zusammenhänge, kulturelle Unterschiede. Eine »Weltrangliste der Glücklichen« wird von Venezuela, Nigeria und Island angeführt. Erstaunt lesen wir vom Latino-Glückseffekt und dem osteuropäischen Melancholie-Faktor.[2] An der privaten Jacobs University in Bremen hat sich eine *Happiness Research Group* in der *School of Humanities and Social Sciences* etabliert, in der »interdisziplinär ausgerichtete empirische Forschungen der Ursachen, Wirkungen und Folgen von subjektivem Wohlbefinden« angestellt werden.[3] Der holländische

---

[1] *Alfred Bellebaum*, Glück. Erscheinungsvielfalt und Bedeutungsreichtum, in: ders. / R. Hettlage (Hg.), Glück hat viele Gesichter. Annäherungen an eine gekonnte Lebensführung, Wiesbaden 2010, 31–71: 52.
[2] *Mathias Binswanger*, Ein glückliches Leben statt immer mehr materiellen Wohlstand. Konsequenzen der Glücksforschung für die Ökonomie, in: *A. Bellebaum / R. Hettlage* (Hg.), a.a.O., 275–292: 282.
[3] Für eine Aufzählung verschiedener Forschungsinstitute dieser Art s. *Alfred Bellebaum*, Die Glücksforschung kommt voran, in: ders. / R. Hettlage (Hg.), a.a.O., 57–71: 63–66.

Glück als Lebensinhalt?

Glücksforscher Rut Veenhoven gründete das *Journal of Happiness Studies*, das mit der *World Data Base of Happiness* verschränkt ist. Dort findet man Studien etwa zu der Frage »Why are Middle-Aged People so depressed? Evidence from West-Germany«. Eine über Deutsche Bank Research zugängliche Schriftenreihe informiert auch über »The China Puzzle: Falling Happiness in a Rising Economy«.[4]
In der »Positiven Psychologie« wird im Rahmen der »Charakterforschung« die aristotelische Tugendlehre wiederentdeckt: »Wir können verlässlich davon ausgehen«, so Willibald Ruch, Professor am Psychologischen Institut der Universität Zürich, »dass alle Charakterstärken die Lebenszufriedenheit der Menschen bestimmen. Glück ist deshalb für den einzelnen nie ›Schicksal‹: Jeder kann für sein persönliches Lebensglück etwas tun, indem er die Tugenden und Stärken seines Charakters pflegt und fördert.«[5] Die Persönlichkeitspsychologie reagiert mit dem Tugendprojekt bereits auf ein Ergebnis aus der empirischen Glücksforschung im Bereich der Ökonomie, das man flapsig auf den Nenner bringen kann: Geld macht nicht glücklich. Demnach steigt das Glücksempfinden ab einer gewissen Einkommenshöhe nicht mehr weiter, auch wenn das Einkommen weiter steigt, weil die Menschen sich untereinander zu vergleichen beginnen und in einen tretmühlenartigen Konkurrenzkampf treten um Prestige, Statussymbole und Macht, durch den sie einfach nie wirklich zufrieden sind.[6]
Auch in die Schulen hat das Thema Glück längst Einzug gehalten, vor allem im Ethik-Unterricht. Ein bayrisches Textbuch zur Vorbereitung auf die Abiturprüfung zum Thema »Glück und Sinnerfüllung« bereitet Texte auf zu Glücksvorstellungen in der Geschichte der philosophischen Ethik und der politischen Philosophie, also von Platon bis Bloch, und der Glückspsychologie des 20. Jahrhunderts.[7] Es enthält aber auch ein Kapitel über »religiöse Glücksvorstellungen« in Judentum, Islam und Christentum (hier einen Abschnitt über die Seligpreisungen und einen über die beatitudo-Lehre des Thomas von Aquin). Das Vorwort erinnert an den 11. September 2001 als ein Beispiel, wohin eine totalitäre Verabsolutierung einer spezifischen Glücksvorstellung führen könne. Der Heidelberger Oberstudiendirektor Ernst Fritz-Schubert konzipierte ein Schulfach »Glück« für ein Wirtschaftsgymnasium mit Berufsfachschule, in dem die Schüler durch gezielte pädagogische, künstlerische, bewegungstherapeutische und hauswirtschaftliche Maßnahmen und Projekte ihr Selbstbewusstsein stärken und Ver-

---

4   A.a.O., 65.
5   Interview mit *Willibald Ruch*, »Die Sättigungsgrenzen für Status oder Spaß sind schnell erreicht«, in: Psychologie heute 36, April 2009, 28–29: 28.
6   Vgl. dazu *Binswanger*, Ein glückliches Leben, hier bes. 287–289.
7   *Bert Unterholzner / Bernd Lohse*, Glück und Sinnerfüllung. Abitur-Wissen Ethik, Freising 2008.

antwortungsfähigkeit entwickeln sollen.⁸ Einsichten in den Zusammenhang von Ernährung und Gesundheit, Fitness und seelischem und geistigem Wohlbefinden stehen ebenso auf dem Programm wie die Schulung der Aufmerksamkeit für andere und Sensibilität für die spezifischen Erfordernisse gemeinschaftlichen Lebens und Arbeitens. »Das baden-württembergische Kultusministerium unterstützt den Vorstoß – auch wenn man dort lieber von ›Lebenskompetenz‹ als von ›Glück‹ sprechen möchte.«⁹ Der Unterricht soll außerdem unbedingt auch Spaß machen, damit die Schule nicht – wie Umfragen ergeben haben – weiterhin in der Beliebtheitsskala von Schülerinnen und Schülern noch hinter dem Zahnarzt zu liegen kommt …¹⁰
Als ich in der Vorbereitung dieses Beitrags in die verschiedenen Bereiche der Glücksforschung eintauchte, bin ich immer kleinlauter geworden. Gestartet bin ich recht hochmütig mit dem Eindruck, hier werde die empirische Forschung gegen eine solide Analysearbeit aufgebaut. Denn was genau mit Glück gemeint ist, erfährt man nicht durch eine solche Analyse, sondern allenfalls durch eine Sammlung von Antworten der interviewten Menschen. Wir bekommen eine riesige Landkarte verschiedener historischer, entwicklungspsychologischer, kultureller, sozialer, und immer wieder individueller Glücksbefindlichkeiten. Alfred Bellebaum betont, man könne nicht definieren, was Glück sei, weil es subjektiv sei. Aus der Tatsache also, dass Glück etwas extrem Subjektives ist, das man niemandem einfach zusprechen kann, schien mir hier eine nie versiegende Forschungsquelle aufgetan worden zu sein, die sich in unserer heutigen Drittmittelkultur sicher bereits zu einem stattlichen Goldesel entwickelt hat – eine Entwicklung, die eine Theologin natürlich nur mit Neid erfüllen kann. Und mit Skepsis, denn die Verzahnung der Forschungen mit Interessen der Wirtschaft sowie, wie wir noch sehen werden, mit der Politik ist nicht von der Hand zu weisen.
Trotzdem: Wenn man sich auf den pragmatischen Zuschnitt des Forschungsinteresses einlässt und sich damit zufrieden gibt, dass hier nach subjektivem Wohlbefinden gefragt wird, muss man sagen: Es kommt doch etwas heraus. Trotz ihrer Subjektivität zeigen die Antworten in den Umfragen doch einen klaren Trend. Müssen wir sie nicht mindestens als eine Spiegelung gesellschaftlicher Überforderungssymptome ernst nehmen? Ganz nachdenklich geworden bin ich bei den zuletzt angesprochenen psychologischen und pädagogischen Beispielen. Sowohl die Charakterforschung wie der Schulunterricht »Glück« scheinen mir von so etwas auszugehen, was wir in der Theologie aus der Tradition der Weisheit kennen: von der Schulbarkeit einer leiblichen Lebensfertigkeit, die das Miteinander-Leben der Geschöpfe so ermög-

---

8   Vgl. www.schulfachglueck.de/ (22.8.2011).
9   www.spiegel.de/schulspiegel/wissen/0,1518,505005,00.html (22.8.2011).
10 Ebd.

Glück als Lebensinhalt?

licht, dass Selbstliebe und Miteinander-Leben sich nicht ausschließen. Die utilitaristisch wirkende Tendenz zur »Machbarkeit« des Glücks, die hier so irritiert, wenn man nicht in angelsächsischen Ländern sozialisiert worden ist, muss vielleicht gar nicht als kalte Ökonomisierung des Lebens verstanden werden. Kann sie nicht theologisch sogar in den Rahmen einer Schöpfungs-Ethik eingespannt werden, als Einübung in die Stewartschaft der Schöpfung?

Spätestens der hohe Stellenwert, den ein gelingendes soziales Leben den Umfragen zufolge für das Glücksempfinden der Menschen hat, muss uns in der Theologie im Hinblick auf diese Forschungen hellhörig machen. Und wenn die Empiriker nicht sagen wollen, was Glück ist und ob es nicht doch eine Sprache gibt für dieses Phänomen, so müssen es eben die Philosophen und die Theologen tun. Die Philosophie hat das längst erkannt und sich zu Wort gemeldet zu ihrem ja eigentlich ureigensten Thema. Auch sie hat die Herausforderung der Pragmatisten aufgegriffen und über eine klassische Bestimmung in der philosophischen Glückstradition neu nachgedacht, die hier gänzlich unberücksichtigt zu bleiben scheint: die Unverfügbarkeit des Glücks.

Die Theologie hingegen ist lange zögerlich gewesen. »Wider die Tyrannei des gelingenden Lebens« lautet der Untertitel des Büchleins von Gunda Schneider-Flume »Leben ist kostbar«.[11] Es repräsentiert den starken Trend des Misstrauens gerade der evangelischen Theologie gegenüber der postmodernen aktivistischen Sehnsucht nach der gesunden Seele im gesunden Körper. Zu viel Athener Modell – zu wenig Jerusalem?[12] Bleiben die Kranken und die Armen, die Hungernden und die Traurigen nicht außen vor in diesem Massenaufbruch der Glückssuchenden?

Das könnte sein, wird man ehrlicherweise denken müssen, um nicht der abstrahierenden Trivialisierung zu verfallen, Glück spiritualisierend vom konkreten Leben zu lösen. Aber heißt das, dass Christinnen und Christen nicht von Glück reden können? Bleibt für sie etwa nur das kategorisch misslingende Leben als Thema übrig, das neugeschaffen und geheilt wird in der Ewigkeit Gottes – im Himmel und nicht auf der Erde? Bleiben uns Christen Heil und Seligkeit in ferner Zukunft, während die übrigen schon jetzt ihr Glück zu machen versuchen? Es ist klar: Dies können nur rhetorische Fragen sein, die auf ein entschiedenes Nein hinauslaufen. Dieses Nein zu qualifizieren und eine christliche Perspektive auf die Sehnsucht nach dem gelingenden Leben zu entwickeln, das ist die Aufgabe dieses Bandes. In diesem Beitrag wird eine Entdeckungsreise in das Themenfeld angetreten werden, die in sechs Etappen eingeteilt ist: Nach einer kleinen Phänomenologie des

---

[11] *Gunda Schneider-Flume*, Leben ist kostbar. Wider die Tyrannei des gelingenden Lebens, Göttingen 2002.
[12] Vgl. dazu *Dietrich Ritschl*, Zur Logik der Theologie. Kurze Darstellung der Zusammenhänge Theologischer Grundgedanken, München 1984, 85–89.

Glücks fragen wir mit Theodor Adorno nach dem »falschen Glück«, dann nach den sozialen Dimensionen des Glücks, nach dem Verhältnis von Glück und Leid und sichten schließlich neuere theologische Literatur, um am Schluss mit Dietrich Bonhoeffer zu einem biblischen Streiflicht über Glück und Segen zu gelangen. Ein roter Faden des Interesses wird dabei vor allem durch die Frage nach der Machbarkeit des Glücks geknüpft werden: Scheiden sich an ihr Theologie und »Glückswissenschaften«?

1 Kleine Phänomenologie des Glücks

Mit dem Glück geht es uns, wie Augustin mit der Zeit, über die er bekanntlich in den *confessiones* XI,14 sagte: »Was ist also die Zeit? Wenn mich niemand danach fragt, weiß ich es, wenn ich es aber einem, der mich fragt, erklären sollte, weiß ich es nicht«. Was ist Glück? Wenn ich es einem, der mich fragt, erklären sollte, weiß ich es nicht. Aber ich meine, es erkennen zu können, wenn ich es erfahre. Und doch: Schon während ich dies sage, werde ich unsicher: Wie viele Glückskonstellationen mag es in meinem Leben wohl schon gegeben haben, die ich nicht wahrgenommen und somit auch nicht erfahren habe? Und wie viele der erfahrenen und von mir als Glück identifizierten Konstellationen verdienen die Bezeichnung gar nicht, sind »falsches Glück«? Es ist offenbar ganz so wie mit der Zeit, über die Augustin fortfährt, dass er sie als Vergangenheit und Zukunft wohl bestimmen zu können glaubt, damit aber deutlich Zeit nicht »erfassen« kann, weil sie entweder schon vorbei ist oder noch kommt. Wie von der Zeit gilt vom Glück: Man ahnt, dass es dieses Glück gibt, gerade dann, wenn man spürt, dass man es nicht greifen kann.

In der Alltagssprache benutzen wir das Wort Glück im Bewusstsein, dass es sich einer klaren Definition entzieht, jedoch sicher ein Gefühl hoher emotionaler Zustimmung zum eigenen Leben transportiert.[13] Glück ist »inhaltlich nicht festlegbar« und »von Person zu Person verschieden«, fasst Eberhard Jüngel zusammen.[14] Damit kommt ein weiterer großer Komplex ins Feld, an dem sich wohl ähnliche Definitionsphänomene zeigen wie in Bezug auf Zeit und Glück, nämlich: Leben. Ohne es jemals in Gänze – weder zeitlich noch soziomorph – vor uns zu haben, um es beschreiben zu können, gehen wir doch davon aus, uns mit dem Wort sinnvoll verständigen zu können darüber, was wir

---

[13] *Marcel Sarot*, Glück/Glückseligkeit III. Theologiegeschichtlich und dogmatisch, in: RGG⁴ Bd. 3, 1018–1020, hier 1018: »Im geläufigen Sprachgebrauch bedeutet ›glücklich sein‹ mehr oder minder das gleiche wie ›mit dem Leben zufrieden sein‹«.
[14] *Eberhard Jüngel*, Was hat des Menschen Glück mit seiner Seligkeit zu tun?, in: *ders.*, Außer sich. Theologische Texte, Stuttgart 2011, 168–198: 185–186.

damit meinen. Denn zwar sind die Umstände unseres Lebens wohl sehr verschieden, doch leben »tun« wir alle. Ebenso selbstverständlich evident scheint uns der Zusammenhang von Glück und Leben zu sein, sowie die Tatsache, dass dieser Zusammenhang erfahren, ja: gefühlt werden könne. Somit kann man sagen: In unserer Alltagsverständigung meinen wir: Glück ist gefühlte Zufriedenheit, wobei die Art und Weise des Fühlens auf einer Skala von ruhiger Gelassenheit bis zu heißblütiger Ekstase reichen kann. Die emotionale Skala weist auf eine gewisse Doppelschichtigkeit dessen, was wir mit Glück meinen, hin: »Diese Zufriedenheit kann die Gestalt des kurzlebigen Gefühls haben (›sich glücklich fühlen‹) oder die einer Wertung, die nicht notwendigerweise einen bestimmten Gemütszustand einschließt«.[15] Zufriedenheit mit dem Leben kann sich also äußern im Augenblicksglück oder in einer generellen wertenden Grundstimmung ganz ohne das akute Hochgefühl des Augenblicks. »Zufriedenheit« passt eigentlich eher auf Letzteres.

Das Augenblicksglück hingegen ist mit »Zufriedenheit« viel zu abgeklärt bezeichnet. Ist es doch das Glücksgefühl, das uns wie ein Blitz durchfahren kann, bei dem uns warm oder gar heiß wird, das uns das Herz klopfen oder zumindest Schmetterlinge im Bauch fühlen lässt. Es kann plötzlich und unerwartet kommen, wiewohl stets ersehnt, aber es kann durchaus auch mit Initiative verbunden sein – etwa wenn man sich verabredet, zusammen den Sonnenuntergang zu erleben. Das Augenblicksglück hat soziale wie kulturelle Züge: im Erleben von Natur, beim Anblick einer Landschaft, im Getragenwerden von Musik, aber auch im Gelobt- Gedankt- und Beschenktwerden ebenso wie im selbst ausgeübten Loben, Danken und Schenken wie schließlich überhaupt im Zusammensein von Menschen, die sich lieben. Und obwohl es kurz, jedenfalls begrenzt »fühlbar« ist, muss es nicht begrenzt wirksam sein: Zwar ist im Augenblicksglück seine physische Vergänglichkeit eminent mitspürbar – im Schauer, der durch den Körper geht zum Beispiel –, so sehr, dass man es im Moment des Erlebens schon am liebsten anhalten möchte. Aber es kann doch eine Art »Symbolwert« für das Ganze bekommen – für das Leben des Natur-Betrachters oder der Musik-Hörerin, für das Leben der Menschen, die sich da Glücksgefühle erzeugend gegenseitig bestätigen, anerkennen und lieben. Es ist dieser Symbolwert des glücklichen Augenblicks, der ihn vom wellnessevent unterscheidet, der dem Augenblick etwas Bleibendes gibt, das unter Umständen so stark sein kann, dass er auch ohne eine Wiederholung für das ganze Leben zu stehen kommt. Man kann diesen Symbolwert auch darin wahrnehmen, dass die abendländische philosophische und theologische Tradition versucht, Glück als Teilhabe am höchsten Gut bzw. an Gott zu denken: Gott selbst ist mit im Spiel, wenn das Augenblicksglück für das Ganze zu stehen kommen kann.

---

15 *Sarot*, Glück/Glückseligkeit, 1018/19.

Der Symbolwert jedenfalls macht das Augenblicksglück auch transportabel: Die Erfahrung der Zuwendung eines geliebten Menschen, blitzartig im wahrsten Sinne des Wortes unter die Haut gegangen, lässt sich mitnehmen in die kältere Welt der sozialen und zwischenmenschlichen Konflikte, des Ringens um Gerechtigkeit, des Leidens an körperlicher Gebrechlichkeit oder des beruflichen Alltags, in dem sich durchaus nicht alle Menschen lieben. Man kann sie dort zwar nicht einfach »einpflanzen« oder wie ein magisches Gegenmittel gegen soziale Kälte einsetzen. Aber das Augenblicksglück ist transportabel als eine Gewissheit gebende Erinnerung, und in dieser Transportfähigkeit wohnt ihm ein Dauerhaftigkeitseffekt inne, der Erinnerung und Hoffnung wie ein zusammenhaltender Mörtel durch erfahrene Lebensbestätigung verbindet. Insofern kann man mit ihm unverwundbarer und unabhängiger, sicher auch mutiger werden inmitten der Erfahrung der Abwesenheit von Glück.

»Glücklich ist, wer sein Leben insgesamt positiv resümieren kann,« lesen wir beim Glücksforscher Robert Hettlage.[16] Die Überlegungen zur Symbolträchtigkeit des Augenblicksglücks erlauben, diese Definition zu spezifizieren: Glücklich ist, wer zu seinem Leben als Ganzem Ja sagen kann, weil er in einer Kultur der Erinnerung ein Reservoir an symbolträchtigen Erinnerungen an Augenblicksglück anlegen konnte. So gesehen wäre das Gegenteil, wahres Unglück, durch die Horrorvision beschrieben, dass dieses Reservoir leer ist, weil die Erinnerung in ihrer Symbolkraft zerstört wurde. Unglücklich ist, wer nicht auf ein Reservoir von Augenblicksglück zurückgreifen kann, wer keine Augenblicke als Gewissheitspäckchen mitnehmen kann – sei es, weil er nicht gelernt hat, an seiner Erinnerungskultur zu arbeiten, sei es, weil er – etwa im Zustand destabilisierender Verletzung – mögliche Momente von Augenblicksglück nicht als solche wahrnehmen, sie nicht annehmen kann. Die biblische Bekräftigung der Treue Gottes mag hier als die christliche Glücksbotschaft schlechthin erkannt werden, und sie steht in der Passion Jesu gegen den Kampf mit dem Horror der Zerstörung von Lebensglück im Verrat. Wir werden im theologischen Teil dieser Überlegungen noch dahin kommen, zu erwägen, ob hier, in der Entdeckung der Relevanz einer Kultur der Erinnerung für das Glücksempfinden, nicht doch auch in biblischer Perspektive ein Sinn von der »Machbarkeit« des Glücks liegen könnte. Vor allem die freikirchlichen, vom angelsächsischen Pragmatismus mitgeprägten christlichen Konfessionen haben sich solchen Gedanken stark geöffnet.[17]

---

16 *Robert Hettlage*, Generative Glückserfahrungen: Biographien, Kohorten und Mentalitäten, in: *A. Bellebaum* (Hg.), Glücksforschung. Eine Bestandsaufnahme, Konstanz 2002, 129–156: 131.
17 Die deutschsprachige theologische Glücks-Literatur übergeht diese Tradition etwas zu eilig; vgl. *Sarah Heaner Lancaster*, The Pursuit of Happiness. Blessing and Fullfilment in Christian Faith, Eugene OR 2010.

Glück als Lebensinhalt?

Jedenfalls zeigt sich, dass Augenblicksglück und Glück als generelle Grundstimmung der Zufriedenheit mit dem Leben (Lebensglück) eigentlich nicht zu trennen sind. Die Rastlosigkeit der event-Kultur, die darauf aus ist, einen glücklichen Augenblick an den anderen zu reihen, mag auf eine Ahnung dieses Zusammenhangs zurückzuführen sein. Sie führt uns direkt zur Frage nach dem »falschen« Glück, dem Thema des nächsten Abschnitts.

2 Zwang zum falschen Glück?

Theodor W. Adorno hat sich in seiner Thematisierung der Glückserfahrung besonders mit ihrer Abgrenzung von der Erfahrung des »falschen Glücks« beschäftigt. Zu sehr war ihm die europäische Geschichte des 20. Jahrhunderts geprägt von verlogenen, überhöhten und Verderbnis bringenden Glücksversprechungen, die sich sogar als totale Heilsversprechungen gaben.[18] Skeptisch »sträubt« er sich, wie Norbert Rath es ausdrückt, Glück positiv zu benennen, und doch heißt das nicht, es gäbe es nicht: »Fast abergläubisch weigert sich Adorno, es zu ›berufen‹; seine Methode ist die des indirekten Aufweises der Möglichkeit eines Gewünschten aus dem, was diesem nicht entspricht, was ihm entgegensteht.«[19] Adornos kritisch-theoretische Annäherung an das Glück lebt aus der Warnung, es kulturell und politisch zu instrumentalisieren. Zweifellos kann man sie auch als eine Kritik der heutigen Glücks-Ratgeber-Kultur hören. Aber in Adornos Sinn hieße das immerhin, das wahre Glück im falschen zu erahnen. Darum soll es in diesem Abschnitt gehen.

Ich beziehe mich im Folgenden auf Helga Kuhlmann, die herausarbeitet, wie sich für Adorno durch die Gebrochenheit der reflektierenden Entlarvung des falschen Glücks eine Ahnung des wahren Glücks einstellt, in der sich ihm die Hoffnung auf Glück bewahrt.[20] Ebensowenig wie die Freiheit, deren »Begriff (…) hinter sich zurück (bleibt), sobald er empirisch angewandt wird«[21] (wer ist schon frei!), findet er auch das wahre Glück im konkreten Leben nicht realisiert. Aber doch kann man ihm nur dort auf die Spur kommen, wenn der Begriff nicht eine abstrakte Hülse ist! In der Einsicht, dass das wahre Glück, gedacht als

---

[18] Vgl. *Norbert Rath*, Negative: Glück und seine Gegenbilder bei Adorno, Würzburg 2008, 175–193: 176–177.
[19] A.a.O., 178.
[20] *Helga Kuhlmann*, Glück bei Adorno – ein Thema theologischer Eschatologie?, in: *R. Heß / M. Leiner* (Hg.), Alles in allem. Eschatologische Anstöße. J.Ch. Janowski zum 60. Geburtstag, Neukirchen-Vluyn 2005, 355–372.
[21] *Theodor W. Adorno*, Negative Dialektik, Frankfurt 1966, 151f; zitiert nach *Kuhlmann*, Glück bei Adorno, 357. Ich folge der Autorin hier in dem Vorschlag, Adornos Überlegungen zum Begriff der Freiheit auch auf den des Glücks zu übertragen.

der Begriff des Glücks, »immer auch Begriff des Befaßten sein muß, ist er damit zu konfrontieren.«[22] Wenn es also Glück überhaupt gibt, dann können wir es nur über seine fragmentarische, kritisch zu reflektierende Erfahrung realisiert denken, ahnen und auch: fühlen. Zu unserer bisher entdeckten Doppelschichtigkeit von Augenblick und genereller Grundstimmung kommt also jetzt eine weitere dazu: Man könnte sie als Differenz von subjektiver Glückserfahrung und -wahrnehmung und *objektivem Glück* bezeichnen, und wenn man das tut, versteht man, dass es Adorno sozusagen auf dem Weg zur Rede vom »objektiven Glück« die Sprache verschlägt. In diesem Sinne entdeckt Adorno Kunst, Liebe und Erkenntnis als Medien der Glückserfahrung, die immerhin als Ahnung vom wahren, objektiven Glück erlebt werden kann.[23]

Das falsche Glück ist darum falsch, weil es den Weg verstellt, der von der subjektiven Erfahrung zur Ahnung des wahren Glücks führt. Das Subjekt bleibt damit in sich selbst stecken. Die Schmetterlinge im Bauch allein als Glückserfahrung wahrzunehmen, hieße somit, keine Bremse zu haben gegen eine hemmungslose, narzisstische Selbstverlängerungsobsession des Subjektes. Als solche jedoch wären sie – so wäre die Konsequenz von Adornos negativ-dialektischer Skepsis – falsches Glück. Wahres Glück hingegen sieht er verbunden mit *Selbsterschütterung*. Das auch unterscheidet Wahrnehmung von Kunst von manipuliertem Kunstgenuss: Kunst ist Kunst, wenn sie den Betrachter so anzusprechen intendiert, dass dieser einerseits erfüllt wird in der Erkenntnis eines ihn selbst betreffenden Lebensinhalts, andererseits aber gleichzeitig erschüttert ob einer bleibenden Distanz dazu. Die Erfüllung ist also eine kritische: »Hat das Subjekt in der Erschütterung sein wahres Glück; so ist es eines gegen das Subjekt, darum ist ihr Organ das Weinen, das auch die Trauer über die eigene Hinfälligkeit ausdrückt.«[24] Glückserfahrung enthält also ein Moment der Selbsterschütterung, in der sich das Fragmentarische des eigenen Lebens öffnet in die Ahnung einer Erfüllung hinein. Nicht um Freudentränen geht es hier, sondern um Tränen der Bewegtheit über die Entdeckung einer Dimension der Wahrnehmung des eigenen Lebens, in der dieses inklusive seiner Unzulänglichkeiten und Schwächen aufgehoben scheint. Glück enthält somit für Adorno das umkrempelnde Moment von Neuwerdung im Gefühl einer empfangenen kritischen, sorgenden Zärtlichkeit, und ohne dieses Moment kann es sich nur um falsches Glück, um Lüge, um ein von Anfang an gebrochenes Versprechen handeln. Mir scheint, dass diese Sicht auch in der klassischen philosophischen eudämonistischen Perspektive enthalten ist, die wohl von des Menschen angebore-

---

22 Ebd., hier also eigentlich in Bezug auf den Begriff der Freiheit.
23 *Kuhlmann*, Glück bei Adorno, 360ff.
24 *Theodor W. Adorno*, Ästhetische Theorie, *G. Adorno / R. Tiedemann* (Hg.), Frankfurt 1970, 401; zitiert nach *Kuhlmann*, Glück bei Adorno, 361.

ner Sehnsucht nach dem Guten und seiner Fähigkeit, ihr lebensgestalterisch zu folgen, ausgeht, aber gleichzeitig auch die stetige Unvollkommenheit dieses Strebens und seiner Erfüllung vor Augen hatte. Das ist schon in der christlichen Antike so rezipiert worden und findet sich nicht zuletzt auch als ein begleitender melancholischer Schatten in der an sich lebens- und leibfrohen Philosophie der Renaissance.[25] Alltagssprachlich kennen wir das, wenn wir von der »Wehmut des Glücks« sprechen.

Ein Charakteristikum des Glücks der Selbsterschütterung ist die Unmöglichkeit, es zu planen. Man kann es wohl ersehen, aber nicht planen. Die Verplanung des Glücks ist für Adorno als ein Aspekt der Selbstverlängerung ebenfalls ein Moment des falschen Glücks. Er erlebt sie nicht zuletzt in der explodierenden Produktion von Kunst als Massenware, in der marktorientierte »Bedürfnisbefriedigung« zum Zauberwort wird.[26] Für das Moment der Selbsterschütterung ist da kein Platz. Der Gedanke an Glückserfahrung kann ihm da erst wieder ex negativo im »Überdruß am falschen Genuß« aufgehen.[27]

Das wahre Glück der Selbsterschütterung zeigt sich also gerade in seiner Unverfügbarkeit. Das ist wahrlich ein Widerspruch gegen den gegenwärtigen Glückstrend. Müssen wir dem nicht aber doch ein Aber entgegensetzen? Wäre es nicht ein unverantwortlicher Luxus, alle Planbarkeit des guten Lebens zu Gunsten der Achtung seiner Unverfügbarkeit zu verwerfen? Dazu im folgenden Abschnitt:

3 Die soziale Dimension des Glücks, oder: Muss man Glück nicht doch »machen«?

Schon die amerikanische Unabhängigkeitserklärung von 1776 hat das Streben nach Glückseligkeit (happiness) als ein Grundrecht verankert, dem die Regierungen zu dienen hätten:
»Wir erachten diese Wahrheiten für selbstverständlich: daß alle Menschen gleich erschaffen sind, daß sie von ihrem Schöpfer mit gewissen unveräußerlichen Rechten begabt sind, daß dazu Leben, Freiheit und Trachten nach Glückseligkeit gehören; daß dieses Recht zu sichern, Regierungen unter den Menschen eingesetzt sind …; daß es für das Volk rechtens ist, sie zu ändern oder sie zu beseitigen und eine neue Regierung einzusetzen, die es auf solche Prinzipien gründet und deren

---

[25] Das stellt *Jörg Lauster* in seinem philosophie- und theologiegeschichtlichen Überblick zum Thema heraus, vgl. *ders.*, Gott und das Glück. Das Schicksal des guten Lebens im Christentum, Gütersloh 2004. Zur Renaissance vgl. hier seine Ausführungen zu *Francesco Petrarca / Marsilio Ficino*, a.a.O., 77–90.
[26] *Adorno*, Ästhetische Theorie, 461; vgl. *Kuhlmann*, Glück bei Adorno, 357.
[27] Vgl. *Theodor W. Adorno*, Minima Moralia. Reflexionen aus dem beschädigten Leben, Frankfurt 1951, 6; zitiert nach *Kuhlmann*, Glück bei Adorno, 357.

Machtbefugnisse es derart organisiert, wie es ihm zu seiner Sicherheit und Glückseligkeit (happiness) am dienlichsten erscheint.«[28]
Die Philosophiegeschichte kennt zahlreiche neuzeitliche Versuche, Strukturen einer glücklichen Gesellschaft *Utopia*, zumeist auf einer Insel gelegen, zu konstruieren.[29] Es gibt ein kleines Land in Asien, in dem die Aufmerksamkeit für das subjektiv empfundene Wohlbefinden seit den 70er Jahren des 20. Jahrhunderts konkrete politische Folgen trägt: das Königreich Bhutan im Himalaya. Unter Bezug auf den Mahayana-Buddhismus aber sicher auch nicht ohne Einfluss des angelsächsischen Pragmatismus, den er in seiner Schulzeit in England kennengelernt haben mag, führte der König *Jigme Singye Wangchuck* den Faktor des »Gross National Happiness« ein.»Seitdem ist tatsächlich das Bruttosozialglück oberstes Entwicklungsziel des kleinen asiatischen Staates. Das Konzept des Bruttosozialglücks fußt auf vier Säulen:
1) sozioökonomische Entwicklung mit einem Schwerpunkt auf Bildung und Gesundheit
2) Bewahrung und Förderung kultureller Werte
3) Schutz der Umwelt
4) Errichtung von guten Regierungs- und Verwaltungsstrukturen.«[30]
2008 vollzog das Land einen »von oben«, also vom König, organisierten Wandel zur konstitutionellen Monarchie mit gewähltem Ober- und Unterhaus.[31] Die Bevölkerung wird regelmäßig nach ihrer Zufriedenheit mit Einkommen, Gesundheit, Freizeit und Wohlbefinden am Arbeitsplatz befragt. Einen gewaltsamen ethnischen Konflikt, der 2003 mit einem Exodus von 120.000 nepalesisch-stämmigen Süd-Bhutanern endete, hat das allerdings nicht verhindert.[32] Angeblich um eine seit Generationen währende Familienfehde zu beenden, heiratete der König trotz Polygamie-Verbots in Bhutan alle vier Schwestern aus der von der Fehde betroffenen Familie gleichzeitig.[33] In der Landwirtschaft

---

[28] Zitiert nach *Uwe Gerber*, Glück haben – Glück machen? Entwürfe für ein sinnerfülltes Leben, Stuttgart 1991, 70.
[29] Vgl. z.B. *Annemarie Pieper*, Glückssache. Die Kunst gut zu leben, Hamburg 2001 und München 2003, 133–178: Die politische Lebensform: das strategisch hergestellte Glück.
[30] *Jordis Grimm*, Ergebnisse der Glücksforschung als Leitfaden für politisches Handeln?, www.iim.uni-flensburg.de/cms/upload/discussionpapers/14_Grimm_Gluecksforschung-gesamt_2.pdf (20.8.2011), hier 27–28; ausführlicher s. *Andreas J. Obrecht* (Hg.), Sanfte Transformation im Königreich Bhutan. Sozio-kulturelle und technologische Perspektiven, Wien u.a. 2010; zum Bezug zum Buddhismus vgl. 27–30.
[31] Vgl. dazu: Walter Moser im Gespräch mit Stefan Preisner, Bhutans sanfte Transformation, in: *Obrecht*, Bhutan, 201–219: 216ff.
[32] Vgl. dazu a.a.O., 214–216 sowie *Andreas J. Obrecht*, Bhutan – Königreich des Glücks?, in: *ders.* (Hg.), Sanfte Transformation, 15–73: 65–67: »Schwarze Flecken auf weißer Weste«.
[33] So heißt es bei Wikipedia: http://de.wikipedia.org/wiki/Jigme_Singye_Wangchuk (20.8.2011). Eine andere Erklärung findet man bei *Obrecht*, Bhutan, 58.

Glück als Lebensinhalt? 27

wird auf organischen Anbau gesetzt, Plastiktüten sind verboten, 25 Prozent des Landes sind als Naturschutzgebiet ausgewiesen, Tourismus wird auf nicht ganz geschäftsuntüchtige Weise begrenzt.[34] »Im Bereich Bildung und Gesundheit haben sich weitreichende Veränderungen ergeben. Die Analphabetenrate fiel von 82,5 % im Jahr 1977 auf 46 % 1999, und im Jahr 2000 besuchten 72 % der Kinder eine Primarschule. Die Lebenserwartung stieg im gleichen Zeitraum von 46 auf 66 Jahre, und heute haben 90 % der teilweise in unwegsamen Regionen lebenden Bevölkerung Zugang zu Gesundheitsversorgung.«[35] Auf der Weltrangliste der Glücklichen rangiert Bhutan auf Platz 8 ...[36] Allerdings ringt das Land zur Zeit mit dem Problem, dass ihm die höhere Bildung seiner Bürger eine steigende Arbeitslosigkeit beschert. Und was passieren wird, wenn es erst einen gesellschaftlichen Disput geben wird darüber, was »Bewahrung der kulturellen Werte« heißen muss oder darf, das müssen wir noch abwarten.
Dennoch: Die Bestrebungen Bhutans um ein Bruttosozialglück treffen sich durchaus mit Überlegungen in Europa und der Infragestellung der alleinigen politischen Orientierung am wirtschaftlichen Wachstum: Es wird gefragt, ob nicht die übliche Orientierung am Bruttoinlandsprodukt (bip) mindestens ergänzt werden müsse durch die an einem »Wohlfahrtsindex« (nwi). Mit Hilfe eines solchen Indexes könnten »Fragen des sozialen Zusammenhalts« sowie »Umweltgebrauch und Naturzerstörung« einfließen in die Berechnung des »tatsächlichen Wohlstands einer Gesellschaft«.[37]
Soweit zu dem kleinen Land Bhutan. Es sollte aber klar geworden sein, dass es uns eine Frage stellt, die wir auch in unsere theologische Reflexion hineinnehmen müssen: Steht die pragmatische Orientierung an der Machbarkeit des Glücks wirklich von Grund auf dem Begriff des »wahren Glücks« entgegen? Führt sie wirklich zwangsläufig zu einer »Tyrannei des gelingenden Lebens«? Oder ist sie nicht gerade dann, wenn es um das Glück der vielen geht, unvermeidlich? Und falls wir uns hier zu einem Ja durchringen werden: Wie wollen wir diese menschliche Aktivität zugunsten eines guten Lebens philosophisch oder theologisch deuten?

Noch eine dritte Umrundung des Problemfeldes der Suche nach dem wahren Glück steht aus: Was ist mit den Leidenden?

---

[34] Jeder Tourist, der ein Visum bekommt, muss pro Tag seines Aufenthaltes eine Steuer von mindestens 200 Dollar zahlen, vgl. www.taotours.com/bhutan-info.htm (20.8.2011).
[35] *Grimm*, Ergebnisse der Glücksforschung, 28.
[36] www.gluecksfitness.de/gluecks-rangliste.html (20.8.2011).
[37] So der Wirtschaftswissenschaftler *Hans Diefenbacher*, vgl. www.freitag.de/politik/0917-wirtschaftsindex-bip-wohlfahrtsindex-nwi (20.8.2011).

4 Glück und Leid, oder: Was ist eigentlich das Gegenteil von Glück?

»Unsere heutige Situation«, schreibt die katholische Moraltheologin Regina Ammicht-Quinn, »ist eine besondere: Eine Frömmigkeits- und Theologiegeschichte der Leidbetonung trifft auf eine Kultur der Leidvergessenheit und Leidverdrängung.«[38] Die Biotechnologie soll helfen, Menschen »weniger anfällig für Krankheiten, weniger sterblich, schneller, schöner und perfekter« zu machen.[39] Passt »Glück« nicht zusammen mit Krankheit und Tod, mit Schwachsein und Erschöpfung? »Das kann doch kein Leben sein«, heißt es. Ist Glück nur mit den Glücklichen, den Starken und Gesunden? Die Verhältnisbestimmung von Glück und Leid fällt erst einmal gar nicht so leicht. Unsere bisherigen Überlegungen haben den Begriff Glück durchaus mit einem erstrebenswerten Zustand verbunden. Glück im Leiden zu verankern – wäre das nicht Masochismus, der in der christlichen Frömmigkeitsgeschichte als eine verzerrte Folge der Kreuzestheologie durchaus gelebt wurde und wird?[40] Man kann sich mit Regina Ammicht-Quinn diese Verzerrung als eine Verkürzung erklären, die die christliche Erwartung der künftigen erlösten Freude schon auf die Erfahrung des gegenwärtigen Leids bezieht – in einem »Lernprozess«, in dem die eingangs erwähnte Kultur der Erinnerung an erfahrenes Gutes ergänzt wird durch eine Kultur der Erwartung von Erlösung. Wird die Spanne von Gegenwart und Zukunft dabei zusammengeschoben, wird das Leiden selbst identisch mit der erwarteten Erlösung. Es ist keine Frage: In der Erfahrung des Leidens wird der Zukunfts-Drang des Glücks besonders relevant. Nicht zufällig vielleicht gerät die Reflexion jetzt, bei der Frage des Zusammenhangs von Glück und Leid, geradezu unmittelbar in die christliche Deutungsperspektive. Für Eberhard Jüngel ist dies der Punkt, an dem die Rede vom Glück in die biblische Rede von der Seligkeit übergehen müsste: »Des Menschen Glück besteht darin, uneingeschränkt Ja sagen zu können: zu sich selbst und zu allem, was ist. Des Menschen Seligkeit aber besteht darin, selbst da, wo man Anlass zu klagen hat, noch Ja sagen zu können. Das dankbare Ja vereint sich mit dem klagenden Ach: Ach ja – sagt man dann. Das Ach nimmt dem Ja nichts von seiner Gültigkeit. Es relativiert das Ja nicht, sondern es gibt ihm Tiefe.«[41]

Aber relativiert das Ach nicht das Leid? Zur Klärung dieser Frage sei noch einmal auf die Doppelschichtigkeit des Phänomens Glück zurückgekommen, von dem ganz am Anfang die Rede war. Jüngels Bestimmung von Glück als Ja-Sagen-Können bezieht sich offensichtlich auf die zweite Schicht: auf das Lebensglück als Gestimmtheit der an-

---

[38] *Regina Ammicht-Quinn*, Glück – der Ernst des Lebens?, Freiburg u.a. 2006, 118.
[39] Ebd.
[40] Vgl. dazu immer noch: *Dorothee Sölle*, Leiden, Stuttgart 1973.
[41] *Jüngel*, Was hat des Menschen Glück, 197.

nehmenden Wertung des *gesamten Lebens* im Unterschied zur fühlenden, akuten Erfahrung des Augenblicksglücks. Wenn das Leid in die Glück-Seligkeit aufgenommen gedacht werden können soll, dann nicht als Augenblicksglück, also nicht in seinen direkt empirisch erfahrbaren Aspekten. Als akute Erfahrung im Augenblick bzw. einer zeitlichen Erstreckung ist elementares Leid – Hunger, Armut, Krankheit, Folter – durchaus das Gegenteil von Glück. Jede Integration der Leiderfahrung in den Begriff von Glück auf dieser Ebene wäre zynisch oder masochistisch. Ich sehe da keinen Raum für ein »Ach«. In Bezug auf das auf Deutung beruhende Lebensglück jedoch gilt das nicht unbedingt. Mag man es Glück – Lebensglück – oder Seligkeit nennen, sein Gegenteil – Unglück – jedenfalls scheint mir nicht das Leid zu sein, sondern das nicht mehr Ja-Sagen können. Nach Max Scheler ist das Gegenteil von Seligkeit Verzweiflung.[42] Verzweiflung ist, wenn erfahrenes Leid die Identität des gesamten Lebens zerstört. Glücklich oder selig ist der, der sich gewiss ist, dass dem trotz allem nicht so ist. Auch für diese eigentlich ungeheuerliche Empfindung finde ich ein »Ach« eigentlich zu schwach ...
Kommen uns nicht spätestens jetzt die großen biblischen Bilder von der Zeit, in der die Tränen abgewischt sein werden, in den Sinn? Von der Zusage der Seligkeit an die Armen, die Hungernden und die Traurigen? Wie wichtig und unverzichtbar die Eschatologie für eine theologisch verantwortete Rede vom Glück ist, zeigt sich gerade im Zusammenhang von Glück und Leid, weil hier deutlich wird, dass von Glück innerhalb des Rahmens der Dynamik göttlichen Wirkens gesprochen werden muss. Der Beitrag von Thomas Naumann über die biblischen Aspekte des Glücks zeigt das ebenso wie der systematisch-theologische von Ralf Miggelbrink.[43] Damit kommen wir zum fünften Abschnitt dieser einleitenden Überlegungen:

5 Theologische Schlaglichter

Als Beispiele einer neueren protestantischen Re-Vision der Glücksthematik in der Theologie werde ich auf *Michael Roth* und die amerikanische Methodistin *Sarah Lancaster*, zunächst jedoch auf die Vorschläge von *Jörg Lauster* und *Rochus Leonhardt* eingehen. Interessanterweise wählen diese beiden nämlich zwei deutlich unterschiedliche Zugänge zur traditionellen Glückslehre: Lauster plädiert für eine neue Würdigung des Eudämonismus auch über die protestantische Tradition hinaus, Leonhardt sucht eine inner-lutherische Neuorientierung gerade aus der reformatorischen Skepsis gegenüber dieser Tradition heraus.

---

42 *Joachim Ritter*, Art. Glück, Glückseligkeit, in: HWPh, Bd. 3, 706.
43 S. die Beiträge von *Thomas Naumann* und *Ralf Miggelbrink* in diesem Band.

Blicken wir zunächst mit beiden auf die Theologie Luthers zurück. Hier etwas Explizites zum Thema Glück zu erwarten, mag erst einmal überraschen – gilt doch, um es in den Worten von Rochus Leonhardt zu sagen, »der Reformator (vielfach) als jemand, der sich zwar für die Frage nach dem jenseitigen Heil des Menschen mit großem Nachdruck, für die nach seinem irdischen Glück aber herzlich wenig interessiert hat.«[44] Und in der Tat darf man wohl zu Recht sagen, dass die reformatorische Entdeckung der Rechtfertigungsbotschaft von der bedingungslosen Annahme des Sünders durch Gott theologiegeschichtlich dazu geführt hat, dass sich Protestanten erst einmal nicht mehr um das Glück gekümmert haben. Schon bei Luther fällt die sparsame Verwendung dieses Terminus auf. Gelehrte der Philosophie- und Theologiegeschichte erklären das mit einem Bedeutungswandel, den der Glücksbegriff gerade in der frühen Neuzeit durchzumachen beginnt: Ganz offensichtlich versteht Luther unter der Sehnsucht nach Glück einen menschlich egoistischen Trieb nach »Lusterfüllung und Wohlergehen nach den Vorstellungen des Menschen.«[45] Dahinter darf man durchaus eine heftige Kritik am damaligen Zeitgeist vermuten, die viele heute gern in eine Kritik an narzisstischer Nabelschau in der Spaßkultur verlängern wollen. Insofern sah Luther Glück vornehmlich als »falsches Glück«. Mit Hilfe paulinischer Theologie und im Anschluss an Augustin, die beide den Egoismus menschlichen Glücksstrebens fürchteten, galt es das theologisch abzuwehren. »Der Begriff Glück«, kommentiert Jörg Lauster, »gilt offensichtlich schon zur Zeit Luthers als hedonistisch kontaminiert und wird darum disqualifiziert.«[46] Man kann sagen, dass in dem neuen protestantischen Bemühen um eine Wieder-Eroberung des Glücks für die Theologie mit diesem Bedeutungswandel gerungen wird.

Bei Luther findet er sich eingebettet in eine pessimistische Sicht über die Anlagen des Menschen, Gutes zu erstreben. Sie stellt bekanntlich die Rückseite der soteriologischen Besinnung auf die Alleinwirksamkeit Gottes in der Realisierung seines Heils dar: Gott sei Dank braucht Gott die Menschen und ihr Glücksstreben nicht, um sein Heil zu realisieren und sie in die Gemeinschaft mit sich aufzunehmen. Rochus Leonhardt zeigt, wie Luther in der mittelalterlichen Kontinuität eudämo-

---

[44] *Rochus Leonhardt*, Möglichkeiten und Grenzen einer Philosophie des Glücks. Thomas von Aquin und Martin Luther, in: *J. Disse / B. Goebel* (Hg.), Gott und die Frage nach dem Glück. Anthropologische und ethische Perspektiven, Frankfurt/M. 2010, 121–168: 121.
[45] Vgl. *Lauster*, Gott und das Glück, 91 mit Hinweis auf Luther, Vorlesung über den Römerbrief, WA 56, 391,3–4: Glück sei »voluptari et bene habere secundum phantasiam suam«.
[46] Ebd. Vgl. dazu auch *Marcel Sarot* und *Günther Bien* über den Bedeutungswandel im Glücksbegriff im Übergang vom Mittelalter zur Neuzeit in ihren Artikeln zum Thema in: RGG[4] Bd. 3, 1018–1020: 1019 (Sarot) und LThK[3] Bd. 4, 757–759: 758 (Bien).

nistischer Hochschätzung menschlichen Glücksstrebens, etwa bei Thomas von Aquin, höchst sensibilisiert die Nahtstelle aufspürt, an der die allein von Gott zu erwartende Erlösung seiner Meinung nach auf dem Spiel zu stehen droht: Der Gedanke, dass die Menschen in der Gnadenwirkung Gottes stehend durchaus »ihr Glück finden« können, dürfen, ja, sogar sollen. Denn dieses Glück, das Gute, das gelingende Leben, das sie suchen, findet letztlich Erfüllung in der Gottesgemeinschaft und von hier aus auch in einer entsprechenden Lebensgestaltung. Das ist die mittelalterliche Lehre, in der Glück des Menschen und Heil Gottes ineinander greifen. Gott hat die Menschen mit der Fähigkeit (mit Tugenden und mit der Vernunft) ausgestattet, ihr Glück »richtig« zu suchen und gestalten zu können, nämlich als ein Leben, das hingeordnet ist auf die Gemeinschaft mit Gott. Und noch mehr: In der gnädigen Begleitung ihres Lebens durch Gott hat diese Fähigkeit die Chance, zu wachsen und zu reifen, wenn auch die *visio beatifica* nicht im Bereich der Möglichkeiten eines irdischen Lebens liegt. Aber sie »steuert« sozusagen aus der Zukunft das Leben in der Gegenwart. Nun frage ich: Ist das nicht eigentlich eine ehrenwerte Konzeption? Hilft sie uns nicht, Gottes Heilswirken als etwas zu denken, das im realen Leben äußerst relevant ist? Gar nicht als Bedrohung, sondern als Stärkung, als »Brot des Lebens«? Was hatte Luther nur dagegen? Was hatte er gegen den Gedanken der gott-gegebenen Befähigung des Menschen, sich um ein gelingendes Leben zu kümmern? Flapsig gesagt wäre die Antwort: Er glaubt es nicht. Zu sehr hält er die Fähigkeiten des Menschen für von der Sünde korrumpiert, als dass ihm zuzutrauen wäre, sich von sich aus mit seinen Fähigkeiten der Gemeinschaft mit Gott hinzuordnen. Das ist im konkreten Leben offensichtlich. Und das macht in seinen Augen das Partizipations-Modell so gefährlich, denn trotz dieses offensichtlichen Scheiterns der Menschen bleibt es sozusagen hart in seiner Verbindung von menschlicher Lebensgestaltung und göttlichem Heilswirken. Um diese Verbindung kann man die theologische Rezeption philosophischer Glückskonzeptionen immer wieder kreisen sehen.

Jörg Lauster hingegen ist der Meinung, dass man mit einem eudämonistischen Modell auch als evangelischer Theologe durchaus noch etwas anfangen kann, ja, eigentlich sogar muss. Denn es bietet einen ganz großen Vorteil: Mit ihm kann das Heilswirken Gottes als erfahrbar in der eigenen Lebensbiographie gedacht werden und dabei da ansetzen, wohin Luther mit seiner Deutung der Rechtfertigungsbotschaft den Weg freigemacht hat. Für Lauster liegt diese Erfahrung vornehmlich in einer Art von Gotteserfahrung, die das eigene Leben in einen universalen Zusammenhang stellt. Die klassisch eudämonistische Sicht vom typisch menschlichen Streben nach dem Guten habe genau diese Intention. In Anlehnung an Schleiermachers Idee von der Anschauung des Unendlichen würdigt Lauster die Momente des Augenblicksglücks

gerade in ihrer Unverfügbarkeit als Erfahrung des Aufscheinens von bergender Transzendenz. Glückserfahrungen dieser Art vermitteln gerade in ihrer sinnenhaften Ganzheitlichkeit eine Art Mehrwert des individuellen Lebens, der christlich theologisch als Zuwendungsform Gottes gedeutet werden kann, ohne dass dies in eine metaphysische oder kosmologische Theorie einzementiert werden muss. Aber Lauster will diese Zuwendung Gottes nicht nur cool als Zuspruch denken, sondern sie soll schon in einem Beschreibungsmodus zum Ausdruck gebracht werden, der deutlich macht, dass sie existentiell unter die Haut, nämlich ins Bewusstsein eingeht. Ohne zu zögern hat die Patristik als einen solchen Beschreibungsmodus die biblische Rede von der Gottebenbildlichkeit in platonischer Interpretation herangezogen und damit gerade das Bild der Verwandtschaft Gottes mit dem Menschen stark gemacht. Das menschliche Streben nach einem gelingenden Leben soll sich im Bild dieser Verwandtschaft verstehen dürfen, als Ermutigung und als Herausforderung für die eigene Lebensgestaltung. Die Welt als Gottes Ebenbild wahrzunehmen ist mehr, als ein bangloses Kuschelglück zu suchen. Es beinhaltet nämlich die Herausforderung, im eigenen Leben immer mehr zum Bild Gottes zu werden. Streben nach Glück wäre somit ein bewusstes Bemühen um Persönlichkeitsentfaltung innerhalb der Verwandtschaft mit Gott. Da die Gottes-Verwandtschaft ein orientierungsleitendes Bild und keine metaphysische Theorie ist, kann Lauster es mit der Erfahrung des Scheiterns als Versagen gegenüber der Ebenbild-Bestimmung verbinden. Der Mensch ist weder nur Ebenbild Gottes noch nur fehlbar, schwach und böse.[47] Er ist auf eine Fährte gesetzt, die sein Leben orientieren hilft. Aber das Ziel kann er aus eigener Kraft nicht erreichen. Trotzdem kann es in seinem Leben Wirklichkeit werden, kann es »ihm oder ihr werden« (U.L.-W.). Lauster ringt mit einer Dialektik aus der Unverfügbarkeit Gottes – gegeben im Moment des Augenblicksglücks – und dem Streben nach Persönlichkeitsentfaltung in der Ebenbild-Identität. Er löst sie schließlich in einer begründungslogischen Zuordnung, in der er das Besondere einer christlichen Theorie des Glücks sieht: »Die Bemühungen und Anstrengungen, die Menschen unternehmen, um das Glück in ihrem Leben zu finden, sind nicht die Voraussetzung, um dieses Glück dann auch zu erreichen, sondern sie sind die Folge davon, dass Menschen sich von dem, was sie als Glück erleben, zutiefst ergriffen wissen.«[48]
Das würde allerdings auch Rochus Leonhardt so sagen, obwohl seine konzeptionelle Weichenstellung nicht die Verwandtschaft, sondern die Differenz von Gott und Mensch sein soll. Er setzt ausdrücklicher bei Luthers Rechtfertigungslehre an und versteht sie als eine Befreiung – er nennt das: Säkularisierung – aus dem direkten Zusammenhang von

---

47 *Lauster*, Gott und das Glück, 141.
48 A.a.O., 186/187.

menschlichem sittlichen Handeln und Gottes Heilswirken, in der ein bedingungsloses Recht zum Glücklich-Sein freigesetzt werde. So habe es Luther selbst gesehen: Unter Verweis auf die Zwei-Reiche-Lehre sieht er menschliche Lebensgestaltung außerhalb der Heilsordnung, aber durchaus innerhalb göttlichen Schöpfungswirkens.[49] Was Gott den Menschen als Lebensbefähigung gibt – Luther dachte da bekanntlich vornehmlich an soziale Ordnungen wie Staat, Familie und Beruf –, kann man am besten als Angebote verstehen, das Leben hier und jetzt zum Wohle der Geschöpfe zu gestalten. Sie haben keinerlei »Ewigkeitswert«, sind daher im Prinzip veränderbar und den je situativen Bedingungen der Lebensgestaltung anpassbar. Geschöpfliche Lebensformen sind der situativen Entscheidung und Gestaltung eines aus der Heilswirksamkeit Gottes freigegebenen Subjektes anheimgegeben. Allerdings hat die lutherische Tradition selbst in ihrer Geschichte diese Möglichkeit der Flexibilität nicht genutzt und stattdessen die Drei-Stände-Lehre Luthers über die Zeiten zu zementieren versucht, durchaus nicht immer zum Wohle der Geschöpfe.[50] An dieser Stelle setzt Leonhardts lutherische Glückstheologie ein: Im Grunde ersetzt er die Drei-Stände-Lehre Luthers durch die Aufforderung an die Gläubigen, ihr Leben aus der Gewissheit, von Gott angenommen zu sein, ihm zur Ehre und zum Wohle der Schöpfung zu gestalten, ohne dabei einem Perfektibilitätswahn unterliegen zu müssen.[51] Glück, gelingendes Leben darf, kann, ja soll dabei unbedingt das Ziel sein, freilich nicht in der vulgärepikuräischen Interpretation Luthers. Menschliches Bemühen um gelingendes Leben kann es immer nur im Fragment geben, sowohl im Scheitern wie im Gelingen.

Ebenfalls mit starkem Bezug zu Luther entwickelt *Michael Roth* eine theologische Glücks-Konzeption.[52] Auch ihm ist es ein Anliegen, dass die protestantische Theologie menschliche Sehnsucht nach Glück nicht diskriminiert, und auch er wehrt sich gegen eine weltabgewandte, verinnerlichende Interpretation der Rechtfertigungslehre. Unter Bezugnahme auf Oswald Bayer versteht er sie als Befreiung, trotz der menschlichen permanent-Gefahr, in einem generell glücksfeindlichen (= sündigen) »Gerichtet-Sein-auf-sich-selbst« das Leben im Grunde gar nicht als glücksbringend, nämlich als »Zusage des Lebens« durch Gott, annehmen zu können. Erst wenn es dem Menschen möglich ist, sein Leben im Vertrauen auf diese Zusage verstehen zu können, wird er von Glück reden können. Die lutherische Terminologie vom passiven Empfangen wird ihm dafür zum Leitmotiv, auch in der Rezeption neuerer Gabe-Philosophie. Glück ist somit: sich einlassen zu können

---

49 *Leonhardt*, Möglichkeiten und Grenzen, 163.
50 A.a.O., 164–165.
51 A.a.O., 166
52 *Michael Roth*, Zum Glück. Glaube und gelingendes Leben, Gütersloh 2011. Zur theologischen Entfaltung vgl. bes. 189–235.

auf das, was die Gegenwart an Gott bestimmter, geschöpflicher Lebenspotentialität bietet – Roth nennt das »Anmutungsqualität«.[53] Dem Glück hinterherzulaufen, wäre die falsche Devise – es als ein Ja zum gegenwärtigen Leben ohne Misstrauen und utilitaristischer Berechnung zu empfangen, wäre eine Haltung, auf die der christliche Glaube hinführt.

Alle diese evangelischen Vorschläge, theologisch vom Glück zu reden, lösen sich aus der bußtheologischen Konstellation der Reformationszeit. Das ist auch ökumenisch-theologisch von hoher Relevanz, denn es kann kein Zweifel sein, dass dadurch eine neue Kommunikationsebene auch mit gegenwärtigen Strömungen der katholischen Theologie entstanden ist, ohne dass das den jeweiligen Autoren hüben wie drüben bewusst sein mag.[54] Von einer Forderung, es Gott recht machen zu sollen, spürt man weder hier noch dort noch etwas. Vielmehr geht es darum, das Leben als von Gott empfangen zu verstehen und – empfangend oder gestaltend – zu erfahren. Auffällig ist bei allen referierten Ansätzen aber auch, dass sie mit einer merkwürdigen inhaltlichen Leerstelle von Gott sprechen. Obwohl in den Struktur-Modellen verschieden, reden alle drei Autoren vom Menschen, der das Leben zugemutet bekommen hat, um sich darin zu entfalten bzw. sich von seiner Gegenwärtigkeit betreffen zu lassen. In welche Richtung diese Entfaltung zu geschehen hat, ob es Kriterien für ein glückliches Leben, für eine Anmutungsqualität gibt, darüber gibt es wenig Worte. Immerhin haben wir gehört, dass Gott für jeden Menschen sein eigenes Leben zu begleiten, zu füllen gedenkt, dass sich eine gestalterische Tätigkeit des Menschen nicht mit normativen Zielen festlegen lässt, sondern sie in immer neuen Situationen aus der vorausgesetzten Gewissheit der Nähe Gottes neu ausgerichtet werden muss und darf. Alle drei Autoren rezipieren die philosophische Glückstradition in dem Sinne.

Auffällig ist auch bei allen drei Ansätzen eine ekklesiologische Leerstelle. Das ist vor allem auffällig, wenn man die lutherischen Ansätze mit dem Entwurf der US-amerikanischen Methodistin *Sarah Lancaster* vergleicht, die ihr Buch über die implizite Glückstheologie der Heiligungskonzeption John Wesleys und anderer mit einem Kapitel über die Kirche und die Konsequenzen für die Gemeindeleitung schließen lässt.[55] Diese beschreibt sie als eine Art von Orientierungsraum, in dem die Gläubigen sozusagen in ihrer Glücks-Sensibilität geschult werden. Kirchlichen Amtsträgern wie der Kirche als *ekklesia* überhaupt verlangt sie durchaus eine Vorbild-Funktion ab, Zeugnis zu geben für eine spezifisch christliche »scriptural happiness«, in der das Leben im Rahmen der biblisch bezogenen Geschichte Gottes mit den Menschen sich auch im Ringen mit seiner Brüchigkeit als umfangen

---

53 A.a.O., 28 und passim.
54 Vgl. auch dazu den Beitrag von *Ralf Miggelbrink* in diesem Band.
55 *Lancaster*, Pursuit, Schlusskapitel: 101–112.

von der heilsamen Gegenwart Gottes zu verstehen versucht wird. Gelingendes Leben wäre ein solchermaßen verstandenes Leben, und dafür ist immer wieder ein Hineininterpretieren in die »story« Gottes nötig. Mindestens hier erscheint ein Aspekt von Tätigsein im Sinne des Glücks. Die Anleihen bei der Philosophie, die in der methodistischen und amerikanisch-freikirchlichen Tradition gezogen werden, stammen weitgehend aus dem Pragmatismus und einem aufklärerischen Sensualismus und zielen darauf, die Heilszusage Gottes in direkter Weise emotional zu beschreiben und erkennbar zu machen – bis in die zweifelhafte Überzeugung hinein, die Gläubigen könnten auf diese Weise durch eine innere Emotionsprüfung den Zustand ihrer Gottesbeziehung bestimmen. Wie in entsprechenden Vorstellungen im Pietismus wird man die Frage stellen müssen, ob hier zwischen Gott und menschlicher Emotion noch ein Kategorienunterschied angenommen wird. Die Überlegung der Autorin, in der Betonung der sensualen Gotteserfahrung eine ernstzunehmende Anregung zu sehen, (Gottes-)Erkenntnis im Sinne moderner Konzeptionen von emotionaler Intelligenz im eigenen Lebenslauf nicht nur abstrakt-theoretisch vorauszusetzen, ist jedoch durchaus bedenkenswert. Sie liegt ganz auf der Linie der hier vorgestellten theologischen Rezeptionen philosophischer Glückskonzeptionen, die Relevanz des christlichen Glaubens als einer »eminenten Lebensangelegenheit« aufzuweisen, wie Jan Hinrich Claussen es ausdrückt.[56] Der Appell, die Kirche habe sich selbst in diesem Sinne zu verstehen, scheint mir zumindest ekklesiologisch bedenkenswert. Sarah Lancaster unternimmt aber mit diesem Appell gleichzeitig einen Versuch, die »Leerstelle Gott« zu füllen, wenn sie darauf hinweist, dass es die Aufgabe der Kirche sei, die Stärkung der Glückssensibilität durch Verkündigung und Gebet, aber vor allem auch durch eine Einübung in das liturgische Jahr zu gewährleisten. Schließlich bleibt – neben Katechese und Verkündigung – als dritter Bereich der Glückssensibilisierung das ganze Feld der Diakonie und des öffentlichen Wirkens der Kirche als Einübung in das Engagement für das Wohlbefinden anderer – mindestens hier wird ein legitimer Aspekt der Rede von der Machbarkeit des Glücks deutlich. Niemals jedoch wird sie im Sinne einer rezepthaften Technik der Glücksherstellung verstanden werden – es bleibt nicht nur in der Theologie, sondern auch in der Philosophie ein wesentliches Kennzeichen von Glück, dass es im konkreten Fall als unverfügbar und stets als Geschenk erlebt wird. Insofern ist die Regel Michael Roths hilfreich, dass wir nicht das Glücklichsein als solches anstreben können – es wird gerade dadurch zerstört –, sondern die »Dinge des Lebens, und wir intendieren sie, weil sie so sind, wie sie sind: Wir werden von ihrer Anmutungsqualität ergriffen«.[57] Der Satz

---

56 *Jan Hinrich Claussen*, Glück und Gegenglück. Philosophische und theologische Variationen über einen alltäglichen Begriff, Tübingen 2005, 6.
57 *Roth*, Zum Glück, 61.

stimmt dann, wenn die »Dinge des Lebens« auch das Leben und das Wohlergehen anderer umfasst, und dann wird das Ergriffensein, mit dem Roth zu Recht eine Selbstdistanzierungsbewegung verstehen will, nicht in taten- und sorgenloser Passivität gelebt werden, sondern im durchaus aktivierenden Wunsch, sich selbst im Wohlergehen des Anderen glücklich zu sehen und dafür Gott selbst um Hilfe bei der imitatio seiner Fürsorge zu bitten.[58]

6 Ausklang: Viel Glück und viel Segen

Einer der letzten Gefängnisbriefe Dietrich Bonhoeffers an Eberhard Bethge beschäftigt sich mit der Frage, ob und wie Glück ein Thema biblischen Redens von Gott sei.[59] Bonhoeffer bejaht die Frage, aber er differenziert dabei doch erst einmal zwischen Gott und menschlichem Glück. Wäre es dabei geblieben, hätte sich Rochus Leonhardt mit seinem Differenz-Modell vielleicht auf ihn beziehen können. Aber Bonhoeffer entdeckt einen biblischen »Zwischenbegriff«, über den Gott mit dem Glück der Menschen verbunden wird: den Segen. »Dieser Segen ist die Inanspruchnahme des irdischen Lebens für Gott und er enthält alle Verheißungen.«[60] Viel Glück und viel Segen auf all Deinen Wegen – das Geburtstagslied bringt es genauso zusammen. Im Segen Gottes wird das irdische Leben durch Gottes fürsorgendes Begleiten zum sinnerfüllten Leben, es wird mit aufgenommen in die Gottesbeziehung. Magdalene Frettlöh hat herausgearbeitet, wie gerade im Segensbegriff auch das Handeln der Menschen als von Gott mit umfasst gesehen wird, indem es sich als beziehungslebende Antwort oder als Weitergabe des Empfangenen versteht.[61] Mit dem Segensbegriff steht der christlichen Tradition durchaus eine Antwort auf die eudämonistische Herausforderung zur Hand, der sich auch mit der Heiligungstradition im Methodismus verbinden ließe.

---

[58] Martin Luthers etwas raubeinige Ironie, mit der er die Sorge um sein Leben zurückweist, mit der ihn seine Ehefrau Katharina gedanklich begleitete, wenn er auf Reisen war, scheint mir darum gerade nicht die einzig stimmige Konsequenz der Rechtfertigungsbotschaft zu sein. In diesem Punkt sehe ich eine Differenz zur Lutherinterpretation von *Isolde Karle* in diesem Band. Vgl. die Briefe Luthers an Katharina vom 7. und 10. Februar 1546, in: *Martin Luther*, Ausgewählte Schriften, K. Bornkamm / G. Ebeling (Hg.), Frankfurt 1982, Bd. 6: Briefe, 270–273.
[59] *Dietrich Bonhoeffer*, Widerstand und Ergebung, *Ch. Gremmels, E. Bethge* und *R. Bethge* in Zusammenarbeit mit *I. Tödt* (Hg.), DBW 8, Gütersloh 1998, Brief vom 28.7.44, 548f. Vgl. hierzu *Michael Plathow*, »Glück« ist mehr. Theologische Gesichtspunkte zur Wiederkehr eines immer neuen Themas, in: Materialdienst der Evangelischen Zentralstelle für Weltanschauungsfragen 73, 2/2010, 60–67: 62.
[60] *Bonhoeffer*, Widerstand und Ergebung, DBW 8, 548.
[61] *Magdalene L. Frettlöh*, Theologie des Segens, Gütersloh [4]2002.

CHRISTIAN ILLIES

Vom Glück des sich entziehenden Glücks

Philosophisch-anthropologische Überlegungen

für Armin und Marlis Binotto

I Die Frage nach dem »Glück«

Wer wollte nicht glücklich sein? Aber was ist das genau, wann ist man es, und kann man es überhaupt werden – das sind Fragen, die die Menschen seit Jahrtausenden ebenso hartnäckig begleiten wie ihre individuelle Suche nach dem Glück. Von Aristoteles bis Sigmund Freud wird dieses Handlungsziel als eine Art anthropologischer Konstante gesehen. »Alle streben nach Glück«, wie Freud lapidar feststellt. Diese Bemerkung findet sich in seiner Schrift *Das Unbehagen in der Kultur*, denn Freud ist im Unterschied zu Aristoteles durchaus skeptisch, ob wir das Glück je finden können: Wir sind auf ein kulturelles Zusammenleben angewiesen, schreibt er, aber gerade das frustriert uns und führt notwendigerweise zum »Unbehagen«. Denn die Kultur schränke die Befriedigung unserer fast grenzenlosen libidinösen Bedürfnisse immer stark ein; unser Glücksstreben renne deswegen gegen eine Mauer. Auch wenn man darüber streiten mag, ob Freuds Glücksbegriff unsere Hoffnungen und Erwartungen wirklich erschöpft, so scheint seine traurige Kernthese von unseren Erfahrungen bestätigt: Es ist schwer, das Glück zu erhaschen, und fast unmöglich, dauerhaft glücklich zu sein.
Streben wir alle nach dem Unmöglichen, nach einer großen Illusion? Vielleicht. Aber gerade das könnte durchaus ein glücklicher Umstand sein – so will ich jedenfalls im Folgenden argumentieren. Dafür müssen wir zunächst eine Klärung des Glücksbegriffes versuchen: Was sind allgemeine Merkmale des Glücks? Ich werde traditionelle Erwartungen an das Glück identifizieren (II), dann aber auf den geschichtlichen Wandel eingehen, der sich bei den Glücksvorstellungen zeigt und von ehemals großen zu kleineren Glückserwartungen in der Gegenwart geführt hat (III). Diese Wandlungen spiegeln allgemeinere ideengeschichtliche Entwicklungen: Das jeweilige Weltbild des Menschen kondensiert zu einer zeitspezifischen Glücksvorstellung.
Auf der Grundlage dieser Vorklärungen werde ich mich der Frage zuwenden, warum es so schwierig ist, glücklich zu sein. Das liegt, so werde ich argumentieren, teils am Glück selbst und teils an uns Menschen (IV). Ist das ein Grund zu verzweifeln – strebt der Mensch nach

dem Unmöglichen? Die abschließenden Überlegungen werden zu der anthropologischen These führen, dass unser stetes Streben nach einem letztlich unerreichbaren Glück einen durchaus glücklichen Sinn für das Menschsein haben könnte (V).

II Was ist Glück? Eine Annäherung an das große Glück

»Von Natur aus« strebe der Mensch nach Glück, meint Aristoteles, und räumt dann ein: »was das Wesen des Glückes sei, darüber ist man unsicher«[1] An beiden Feststellungen hat sich in den letzten zweieinhalb Jahrtausenden wenig geändert – wir wollen immer noch glücklich sein, und doch bleibt weiterhin unklar, was genau dieser Zielpunkt unseres Strebens ist. Aber für eine philosophische Betrachtung kann das nicht genügen. Es lässt sich nur dann sinnvoll nach dem Glück fragen, wenn das Phänomen wenigstens umrissen ist. Das soll im Folgenden versucht werden. Dabei will ich mich zunächst dem reichen bzw. »großen« Glücksbegriff annähern, wie ihn Aristoteles und die philosophische, aber auch theologische Tradition vor Augen hatten, wenn sie nach einem umfassenden Zielpunkt menschlichen Strebens fragten. Es ist dieses große Glück, was im Deutschen auch unter dem Begriff der »Glückseligkeit« gefasst wird.

Bei schwer greifbaren Phänomenen bietet sich eine indirekte Annäherung an, also über eine Abgrenzung von anderen Glücksvorstellungen, die nicht in diesem umfassenden Sinne als das Ziel menschlichen Strebens verstanden werden können. Es sei dabei bedacht, dass jeder Versuch einer begrifflichen Erfassung sich des Wandels der Vorstellungen bewusst sein muss; vor allem die Moderne bricht vielfach mit der traditionellen Vorstellung eines großen Glücks als Lebensziel und ersetzt es durch bescheidenere Wünsche und Ziele. Ich werde mich diesem Wandel im nächsten Abschnitt kurz zuwenden, aber zunächst fünf Merkmale des »großen Glücks« benennen, die seit der Antike zu finden sind.

Unter großem Glück will ich, erstens, nicht das bloße Wohlfühlglück verstehen, auch wenn ein Wohlbehagen durchaus zum Glück gehört. »Behagen, Spaß, Vergnügen. Freude, Wonne, Lust, Triumphe« zählt Schneider auf und fährt fort: »Und niemand soll uns das alles aus dem Glück hinausdefinieren.«[2] Aber der Mensch strebt nach mehr als *lediglich* nach angenehmen Empfindungen, wie sie etwa, je nach Vorlieben, ein Stück Schokolade, ein Saunabesuch oder eine Zigarre schenken können. Aldous Huxley hat das in seinem Roman *Brave New World* eindrücklich illustriert. Er schildert eine zukünftige Gesellschaft, in der

---

[1] Nikomachische Ethik 1095a.
[2] *Wolf Schneider*, Glück!, Hamburg 2007, 45.

alle durch die tägliche »Soma«-Pille in einen angenehmen Zustand des Wohlbehagens versetzt werden, obgleich ihr Leben tatsächlich völlig eintönig, trostlos und sinnentleert ist. Dieses »Glück« ist in der Regel nicht das große Ziel menschlichen Strebens. Selbst wenn uns irgendein Soma (bzw. der rechte Cocktail aus Endorphinen oder ein hoher Oxytocinpegel) wohlige Gefühle vermittelt, erhoffen wir (oder wenigstens die Glückstraditionalisten unter uns) ein Glücklichsein im volleren Sinne. Das Soma-Glück erscheint dagegen grauenhaft, vielleicht vor allem, weil Huxley die Menschen mit der Droge als zufrieden beschreibt und sie nach keinem weiteren oder tieferen Glück mehr zu streben scheinen. (Huxley verweist auf eine »quite impenetrable wall between the actual universe and their minds«, die durch die Droge erzeugt werde).

Wenn wir die Annahme teilen, dass subjektive Zufriedenheit allein nicht das große Glück ausmacht, so verweist uns das auf ein zweites Merkmal des großen Glücks: Zum Glück gehört auch, dass ich das, was mich beglückt, als *wirklich* und *werthaft* annehmen kann. Wenn jemand sein Leben durch die vermeintlich geteilte Liebe zu einem Menschen tief erfüllt und beglückt erlebt, so wird sein Glück zerbrechen, und wohl auch rückwirkend sich auflösen, wenn er plötzlich erfährt, dass er die ganze Zeit von dem anderen getäuscht wurde. Und auch eine bloße Traumwelt genügt uns nicht. Robert Nozick hat dies in Form eines Gedankenexperiments illustriert: Stellen Sie sich vor, Sie könnten den Rest ihres Lebens in einer Glücksmaschine verbringen, die den Nutzer in eine wunderbare, aber illusionäre Welt schöner Erlebnisse, Erfahrungen und Begegnungen entführt. Muss man sich den, der bewusst in diese Maschine gestiegen ist, als glücklichen Menschen vorstellen? Eine ähnliche Welt finden wir in dem Film »Öffne deine Augen« von Alejandro Amenábar[3] – reicht der schöne virtuelle Schein? Auch wenn die Antwort in der Gegenwart durchaus nicht mehr einhellig ist, wäre es für traditionelle Vorstellungen offensichtlich, dass die Glücksmaschine letztlich nicht das von uns erstrebte Glück gewähren kann: Wir wollen unser Glück auf die Realität gründen – mehr noch, wir erwarten von der Quelle unseres Glücks, auch ein würdiges Ziel unseres Strebens zu sein. Robert Spaemann hat es treffend so charakterisiert, dass Glück nie gegen die Wahrheit oder das Gute zu finden sei. Das Gute ist wichtig, denn es beglückt den Menschen in besonderem Maße, sich für das Rechte, für Ideale und Überzeugungen einzusetzen. Viele religiöse Menschen machen das anschaulich, und selbst religiösen oder ideologischen Fanatikern wird man nicht absprechen können, in ihrem Einsatz glücklich aufzugehen, eben weil sie von der Richtigkeit ihres Tuns erfüllt sind. (Auch deswegen wehren sich Fundamentalisten mit allem Herzblut gegen jedes

---

3 *Alejandro Amenábar*, Abre los ojos (1997).

Infragestellen ihres Fundaments. Für sie steht viel auf dem Spiel, denn es droht Unglück, wenn sich die sie inspirierenden Überzeugungen als falsch, ja bösartig erweisen.)

Damit wird auch klar, dass es hier nicht um das Zufallsglück geht, für das, fast sprichwörtlich, der ›glückliche‹ Lottogewinner stehen kann. Zwar sehnen sich offensichtlich viele Menschen nach diesem Glück, wenn sie wöchentlich auf ihren Lottoscheinen Kreuzchen machen.[4] Aber gerade wegen seines zufälligen Eintretens ist Zufallsglück kein sinnvolles Ziel des eigenen Strebens, sondern kann nur Gegenstand menschlichen Hoffens oder Wünschens sein.

Und doch verweist uns auch dieses Zufallsglück auf ein weiteres Merkmal des großen Glücks: Zu dem Glück als Zielpunkt menschlichen Strebens gehören in der Regel äußere, und damit partiell unverfügbare Güter, Ereignisse oder Dinge. Es ist wohl nur wenigen Menschen gegeben, in Not und Elend, in Krankheit und Leiden glücklich sein zu können.

Das Glück scheint ferner in einer besonderen Beziehung zum Individuum und seinem selbstbestimmten Handeln zu stehen. Glück will vom Einzelnen errungen sein, jedenfalls, wenn es im Sinne von Aristoteles als Ziel des menschlichen *Strebens* verstanden wird. Es geht nicht um das unverhoffte Geschenk für den Glückspilz, sondern um etwas, das unserem jeweiligen Tun und Lassen eine Richtung und Erfüllung geben kann. Wir fragen schließlich nach dem *menschlichen* Glück und sind nun mal primär *handelnde* Wesen. Dies zeigt sich vor allem in der gegenwärtigen Renaissance der Glücksdebatte im Rahmen der Lebenskunstliteratur und der Konzepte eines »gelingenden Lebens. Denn ob unser Leben gelingt, hängt davon ab, welche Entscheidungen wir treffen, welche Einstellungen wir haben oder wie und worauf wir uns tätig ausrichten. Das Leben gelingt nicht »zufällig«.

Schließlich erhebt das große Glück, so wie ich es hier verstehe, einen umfassenden Anspruch. Es ist nicht partiell, fragmentarisch, momentan, sondern wirklich glücklich ist nur der ganze Mensch. Das zeigt sich auch in einer besonderen Beziehung zur Zeit. Schon Aristoteles bemerkt, dass man einen Menschen eigentlich erst nach dem Tod glücklich heißen dürfte, da ja vorher all sein Glück noch zerbrechen könnte. Für die Römer stellt sich die Frage sogar über den Tod hinaus, wenn sie immer wieder nach dem Ruhm und Nachruhm fragen wie etwa bei Cicero: »Kurz ist das Leben, das die Natur uns schenkt; doch die Erinnerung an ein wohl verbrachtes Leben währt ewig. Wenn die nicht länger vorhielte als das Leben: Wer wäre dann so töricht, unter größten Mühen und Gefahren nach höchstem Lob und Ruhm zu stre-

---

[4] Obgleich es vielleicht sogar unglücklich macht, wie von manchen Lottogewinnern berichtet wird. Siehe etwa »Der fatale Gewinn« in: Glück, GEOWissen 47, 2011, 48ff.

ben?«[5] Wirklich glücklich kann man erst sein, wenn man weiß, dass das eigene Glück nicht mehr vergehen kann.

Fassen wir die Merkmale des großen Glücks zusammen:
1. Glück hat mit Wohlbefinden und Freude zu tun,
2. Glück geht aber über ein subjektives Gefühl hinaus. Das gemeinte Glück muss in irgendeiner Weise auf eine objektive Realität Bezug nehmen, von der wir zugleich erwarten, dass sie als tatsächlich werthaft gelten kann.
3. Glück ist ferner nicht bloße Widerfahrnis, auch wenn einige äußere unverfügbare Güter in der Regel zum Glücklichsein gehören.
4. Glück hat mit dem freien Handeln des Individuums zu tun.
5. Dem Streben nach Glück wohnt ein Anspruch auf Ganzheit und Überzeitlichkeit inne; Glück ist die Erfüllung eines ganzen, abgeschlossenen Lebens und zielt auf Dauer.

III Geschichtlicher Wandel der Glücksvorstellungen

Die gerade charakterisierte, eher traditionelle Vorstellung steht in Spannung zu den Erwartungen an das Glück, wie sie in der Gegenwart vorherrschen. Es lohnt, einen Blick auf diesen Wandel zu werfen, um so die ganze Breite der Glückserwartungen zu überblicken.
Bei Aristoteles, dessen These von einem allgemeinen menschlichen Streben nach Glück hier ja aufgegriffen wurde, ist die Glücksvorstellung in einer Konzeption der Gesamtwirklichkeit, also einer Naturphilosophie (bzw. Ontologie) eingebettet: Der Mensch ist teleologisch zu verstehen, er ist »von Natur aus«, das heißt von seiner vorgegebenen Seelenstruktur her, auf ein glücklich machendes Ziel hin ausgerichtet. Dieses Ziel ist ihm wesensmäßig vorgegeben; es ist das Erreichen der seiner Art entsprechenden höchsten Leistung:
»Dem [dem Ansinnen, das Wesen des Glücks deutlicher bestimmt zu haben] kann entsprochen werden, indem man zu erfassen sucht, welches die dem Menschen eigentümliche Leistung [gr. ergon] ist.«[6]
Wie der Flötenspieler darauf aus sei, ein guter Flötenspieler zu werden, so sei der Mensch auf das ihm vorgegebene Ziel ausgerichtet, das spezifisch für den Menschen sein müsse. Aristoteles fährt fort:
»Welche [Leistung] nun könnte das [spezifische Ziel des Menschen] sein? Die bloße Funktion des Lebens ist es nicht, denn die ist auch den Pflanzen eigen. Gesucht wird aber, was dem Menschen eigentümlich ist. [...] Als nächstes käme dann das Leben als Sinnesempfindung in Betracht. Doch teilen wir auch diese gemeinsam mit Pferd, Rind und

---

5 14. Philippische Rede, 32.
6 Nikomachische Ethik 1097b.

jeglichem Lebewesen. So bleibt schließlich nur das Leben als Wirken des rationalen Seelenteils.«[7]
Wo kommt der rationale Seelenteil an sein Ziel? Für Aristoteles gehört das Erkenntnisvermögen zur Seele, ja ist ihre höchste Leistung. Daher ist das spezifisch menschliche Ziel das Erkennen der letzten Wahrheiten. Er folgert: »Wir dürfen also das Glück als ein geistiges Schauen betrachten.«[8] Deutlich werden hier vor allem das zweite und vierte Merkmal des Glücks ins Zentrum gestellt: Die Quelle des Glücks, das Ziel, auf das wir ausgerichtet sind, ist die Wahrheit über die Grundstruktur der Wirklichkeit, also das tatsächlich Gegebene schlechthin. Und durch die Verbindung mit der Seele und ihren Leistungen geht es um das Handeln des Individuums.
Aristoteles wurde für das christliche Abendland zu dem Philosophen schlechthin, weil seine Weltdeutung eine philosophische Grundierung der christlichen Botschaft ermöglichte. Von ihm war zu lernen, dass der Mensch ein beseeltes, zielgerichtetes Wesen ist – und die christliche Offenbarung konnte das ergänzen durch die Einsicht, wer uns so geschaffen hat und warum. Und deswegen scheint Gott selbst das letzte Ziel unseres ganzen Sinnens und Trachtens zu sein. Augustinus hat in seinen *Confessiones* (1,1) paradigmatisch diesen Brückenschlag hergestellt, wenn er Gott mit den Worten anspricht: »Du willst, dass es Freude bereitet, dich zu loben, denn du hast uns zu dir hin geschaffen, und ruhelos ist unser Herz, bis es ruht in dir.« Damit können wir in der abendländischen Tradition zwei (kompatible) Varianten des großen Glücks unterscheiden, nämlich die aristotelische, in der die konkrete Erfüllung des Glücks offen bleibt, und eine augustinisch-christliche, die konkreter benennt, worin das Ziel des Strebens besteht. Man könnte den Gottesbezug auch als sechstes Merkmal des großen Glücks betrachten, das im Christentum nun ergänzend hinzukommt, aber die anderen Merkmale keinesfalls aufhebt.
Die Geschichte des Abendlandes ist geprägt von einer christlich vermittelten Aufwertung des Individuums, da es um einen Gott geht, der jeden Einzelnen in besonderer Weise liebt. Dies spiegelt sich in der sich langsam wandelnden Glücksvorstellung als auch im verwandten Ideal des gelungen Lebens: Ins Zentrum rückt immer mehr das Individuum und sein Tun, also das vierte Merkmal. Ein Gedicht von Friedrich Hölderlin verdeutlicht das, selbst wenn er den Ausdruck »Glück« hier nicht verwendet. Er beschreibt seine Hoffnung auf eine große Erfüllung seines individuellen Daseins:

---

[7] A.a.O., 1097b.
[8] A.a.O., 1178b.

Vom Glück des sich entziehenden Glücks

An die Parzen

Nur einen Sommer gönnt, ihr Gewaltigen!
Und einen Herbst zu reifem Gesange mir,
Dass williger mein Herz, vom süßen
Spiele gesättigt, dann mir sterbe.

Die Seele, der im Leben ihr göttlich Recht
Nicht ward, sie ruht auch drunten im Orkus nicht;
Doch ist mir einst das Heil'ge, das am
Herzen mir liegt, das Gedicht gelungen,

Willkommen dann, o Stille der Schattenwelt!
Zufrieden bin ich, wenn auch mein Saitenspiel
Mich nicht hinabgeleitet; einmal
Lebt ich, wie Götter, und mehr bedarf's nicht.

Es klingen noch religiöse Bilder an, wenn Hölderlin das Glück beschreibt, etwa wenn er die Parzen und Götter anruft, aber es ist letztlich das eigene Werk, die eigene Vollendung als Künstler, in der er das »Heilige, das ihm am Herzen liegt« sucht. Ebenbürtig tritt der Mensch vor Gott und fordert sein Glück ein: Hölderlin spricht vom »göttlichen Recht«. Er fordert es als Künstler, denn als solcher kommt er Gott am nächsten, ist wie dieser ein Erschaffer von Welten. Hier ist kein Platz mehr für Bescheidenheit, und selbstbewusst wird der Anspruch von Hölderlin in einem vollendeten Kunstwerk vorgetragen, ist also bereits in dem Gedicht erreicht – Hölderlin wusste durchaus, hier einen »reifen Gesang« angestimmt zu haben. Das im Gedicht beschworene Glück weist auch ein besonderes Verhältnis zur Ganzheit seines Lebens und zur Zeit auf, wie im fünften Merkmal gefordert: Ist das Kunstwerk gelungen, so hat selbst der Tod seinen Schrecken verloren, und der Mensch ist über alle Vergänglichkeit erhaben.
Hölderlin steht ideengeschichtlich an der Grenze zu einer neuen Zeit. Bei ihm erscheint die Wirklichkeit noch als sinnvoll, von Göttern, Parzen und dem Heiligen durchwoben. So kann sie dem Künstler das Höchste, und das ist das große Glück, gewähren. Aber all das ist nicht selbstverständlich und keineswegs allen möglich, sondern ist den Künstlern vorbehalten, nur vom Genie zu erreichen. Die Abenddämmerung aller Metaphysik hat bereits begonnen, der Sinn des Ganzen ist nicht mehr von einer Weltvernunft oder Gott garantiert, sondern liegt mehr und mehr in unseren Händen. Das erinnert auch an den in die Moderne schreitenden Heinrich Faust, den Goethe in seinem Drama mit der Übersetzung von »logos« im ersten Satz des Johannesevangeliums ringen lässt. Schließlich schreibt er: »Am Anfang war die Tat«.
Über die nächsten hundert Jahre werden dann alle Voraussetzungen einer großen Sinnerwartung und Glücksvorstellung bei den meisten Denkern restlos zertrümmert. Die idealistischen Vernunftsysteme und

Weltdeutungen werden zurückgewiesen oder ›auf den Kopf gestellt‹. Die dominierende Philosophie kennt seit dem Ende des letzten Jahrhunderts keinen Sinn mehr, keine letzten Wahrheiten oder idealen Orientierungen. Und mit dem postulierten ›Tod Gottes‹ zerfällt auch alle Hoffnung auf eine theologische Grundstruktur der Wirklichkeit. Da kann es kein vorgegebenes Ziel unseres Daseins mehr geben. Die Welt ist alles, was der Fall ist, stellt Wittgenstein lapidar fest, und keinesfalls mehr. Wer nach einem großen Glück, einer Erfüllung strebt, hat nichts verstanden. Um es mit Sigmund Freud zu sagen: »Im Moment, da man nach Sinn und Wert des Lebens fragt, ist man krank, denn beides gibt es nicht; man hat nur eingestanden, dass man einen Vorrat von unbefriedigter Libido hat«.[9]
Eine derart entzauberte Welt bietet keinen Anknüpfungspunkt mehr für ein großes Glück, wie es Aristoteles, Augustinus oder Hölderlin beschrieben. Statt einer Seele mit einem Ziel gibt es ein libidogetriebenes Dasein, statt Gott als Garant möglicher Glückserfüllung nur den kalten Kosmos, der blind und taub ist für unsere Hoffnungen. Hier kann auch keine objektiv große Kunst mehr entstehen, die den Künstler über sich hinaus zum Olymp erheben könnten; wir finden nur Selbstdarstellungen und Subjektivität in einer Welt, in der es als reine Konvention verstanden wird, ob wir ein Gedicht Hölderlins oder einen Suppendosenkarton zum Kunstwerk erklären.
Da nun ein großes Glück im eingangs charakterisierten Sinne nicht mehr denkbar ist, sinken auch die Erwartungen an das erfüllte Leben. Ohne objektive Wahrheit oder den einzelnen Menschen übersteigende Bezugspunkte bleiben für den Menschen nur er selbst und was er sich selbst verschaffen kann. Das ist aber letztlich das schwache Glück des bloßen subjektiven Wohlbefindens, wie es die Lust oder der Spaß gewähren. Oscar Wilde sieht in ihnen die Zuflucht unseres schwierigen Daseins: »I adore simple *pleasures*. They are the last refuge of the complex.«[10] In einer Zeit, in der die Vorstellung einer sinnentleerten Wirklichkeit zum Alltagsweltbild geworden ist, stimmen immer mehr Menschen Oscar Wilde zu, wie die Statistiken der letzten Jahrzehnte zeigen: »Spaß, Glück und Genuss werden für Menschen in Deutschland immer wichtiger.«[11] Während zum Beispiel 1974 nur 26 Prozent der Westdeutschen »Lebensgenuss« als ihren Lebenssinn sahen, waren es 2001 bereits 52 Prozent (in Ostdeutschland stieg die Zahl von 34 Prozent 1992 auf 45 Prozent im Jahr 2001).
An Stelle der großen Glückserwartung ist das kleine Glück der Bedürfnisbefriedigung getreten. Menschen wollen weiterhin glücklich

---

9   Zitiert nach *Viktor E. Frankl*, »Paradoxien des Glücks (am Modell der Sexualneurose)«, in: Was ist Glück?, Carl-Friedrich von Siemens Stiftung (Hg.), München 1976, 108–126, 118.
10   The Picture of Dorian Gray, 1891.
11   Vergl. www.spiegel.de/panorama/a-133272.html (20.2.2011).

sein, aber die Erwartungen haben sich reduziert, das Merkmal ›subjektives Wohlbefinden‹ herrscht jetzt vor. Das zweite Merkmal scheint ganz weggefallen (und deswegen wird die Glücksmaschine keineswegs mehr von allen abgelehnt). Das Merkmal ›äußere Güter‹ bleibt, ja wuchert geradezu, da diese vor allem Wohlbefinden versprechen – auf ein »geistiges Schauen« oder Gott ist in der sinnentleerten Welt ohne Wahrheit nicht mehr zu hoffen. Das vierte Merkmal, das Handeln des Einzelnen, bleibt weiterhin wichtig, wenn auch abgeschwächt, da es nichts mehr zu geben scheint, was dem hölderlinschen Kunstwerk gleichkäme. (Schließlich ist jeder Künstler, und alles ist Kunst.) Für das fünfte Merkmal sind wie für das zweite die weltanschaulichen Voraussetzungen fraglich geworden: Es fehlt ein zeitgenössischer Begriff des Ganzen. Wenn der Mensch sich nur fragmentarisch als sozial vielfältig bestimmtes Rollenwesen versteht – »Wer bin ich und wenn ja wie viele?« – kann auch das Glück nicht mehr für den ganzen Menschen erhofft werden. Nur in Bezug auf die Zeitlichkeit bleibt das fünfte Merkmal noch erhalten, denn es geht weiterhin um Dauerhaftigkeit. Kierkegaard hat das wunderbar in seinem Tagebuch eines Verführers beschrieben, der nach steter Wiederholung und Erneuerung seiner Freuden und Genüsse strebt. Und Nietzsche beschwört, wenn auch bezogen auf die Lust (dem reduzierten Glück der nach-metaphysischen Zeit), dieselbe zeitliche Permanenz: »Doch alle Lust will Ewigkeit, will tiefe, tiefe Ewigkeit!«

IV Warum sich uns das Glück entzieht

Auch wenn sich die Glücksvorstellung gewandelt hat, bleibt es eine Eigentümlichkeit des großen wie kleinen Glücks, sich nicht uns nur begrifflich, sondern auch praktisch zu entziehen. Unser Sehnen und Streben gehen ins Leere. Woran liegt das? Es gibt drei Gründe, die diese Ungreifbarkeit des Glücks erklären könnten:
1) *Glück ist abhängig von Unverfügbarem*
Wir hatten es als drittes Merkmal des Glücks bezeichnet, dass auch äußere Güter zu ihm gehören, von denen viele nicht oder jedenfalls nicht ganz in unserer Macht stehen.[12] Das ist eine erste Weise, in der das Glück sich unserem Zugriff häufig entzieht: durch unveränderliche Einschränkungen oder Ereignisse, die uns unglücklich machen. Dem Rad der Fortuna, dessen Wechselspiel in den *Carmina Burana* mit dem zu- und abnehmenden Mond verglichen wird, können wir nicht in die Speichen greifen. Sigmund Freud verweist in diesem Sinne auf das Leid, das dem Menschen von drei Seiten drohe und sein Glück grundsätzlich behindere. Erstens hätten wir keine wirkliche Herrschaft über

---

12 Zur Unverfügbarkeit des Glückes siehe auch *Jon Elster*, Sour Grapes. Studies in the Subversion of Rationality, Cambridge 1983.

unseren Körper, der mit Krankheit oder schließlich dem Tod unser Glück bedrohe; zweitens gebe es äußere Gewalten und Kräfte, die uns Leid zufügten (wie etwa Naturgewalten). Und drittens blieben zwischenmenschliche Kontakte, die so wichtig für uns und unser Glück sind, doch immer fragil und potentiell schmerzhaft.

2) *Glücklichsein macht auf Dauer nicht glücklich*
Dazu kommt, dass das erlebte Glück nach einiger Zeit nachlässt, auch wenn sich eine Situation nicht verschlechtert hat. Was wir erhoffen können, sei nur der »momentan aufleuchtende Blitz der Wonne, aber keine dauerhafte und stabile Flamme«, wie John Stuart Mill schreibt.[13] Wir als die Menschen, die wir sind, scheinen unfähig, etwas dauerhaft zu genießen. Das dürfte vor allem der Effekt der Gewöhnung sein: Wenn wir etwas Angenehmes mehrfach wiederholen bzw. dieses eine längere Zeit währt, dann nimmt das subjektive Wohlbefinden dabei ab. So argumentiert Freud (der hier ein Verständnis des Glücks als Bedürfnisbefriedigung zugrunde legt):
»Was man im strengen Sinne ›Glück‹ heißt, entspringt der eher plötzlichen Befriedigung hoch aufgestauter Bedürfnisse und ist seiner Natur nach nur als episodisches Phänomen möglich. Jede *Fortdauer* einer vom Lustprinzip ersehnten Situation ergibt nur ein Gefühl von lauem Behangen.«[14]
Der Mensch benötigt offensichtlich ein immer stärkeres Erlebnis, um die Intensität des ersten glücklichen Wohlbefindens erneut zu erfahren. Das, was man hat, verliert an Reiz. Die Gewöhnungsproblematik zeigt sich schon beim kleinen Glück der Befriedigung alltäglicher Bedürfnisse: Man befragte US-amerikanische Durchschnittsfamilien nach der Höhe des Einkommens, das man benötige, um sein Leben gut bestehen zu können. Das eindrückliche Ergebnis war, dass die angegebene Summe mit dem Einkommen der Befragten stieg – was auch immer eine Familie zur Verfügung hatte, sie meinte in jedem Falle, etwas mehr nötig zu haben. Und es ist, nach einer anderen Statistik, auch der Anteil glücklicher US-Amerikaner im letzten halben Jahrhundert konstant geblieben, während sich das Realeinkommen im selben Zeitraum verdoppelt hat. Obgleich alle reicher geworden sind und sich mehr leisten können, also auch mehr Bedürfnisse befriedigen, wurden sie nicht glücklicher.[15]
Ob die Abschwächung durch Gewöhnung allerdings auch für das große Glück gilt, bei dem ja das Wohlbefinden bzw. die Bedürfnisbefriedigung nur ein Moment in einem komplexeren Erleben darstellt, kann hier offen bleiben. Der Philosoph Bernard Williams hat zwar einge-

---

13 *John Stuart Mill*, Utilitarianism, London 1962, 264.
14 Zitiert nach *Schneider*, Glück, 38.
15 Diese Angaben stammen aus: www.spiegel.de/panorama/a-133272.html (20.2.2011).

wandt, dass selbst eine unsterbliche Existenz in paradiesisch-himmlischen Gefilden den Menschen auf Dauer langweile.[16] Aber das ist nur unter zwei Voraussetzungen plausibel: Erstens müsste der Himmel eine Fortsetzung unserer *zeitlichen* Wirklichkeit darstellen, da nur dann Langeweile bzw. Gewöhnungseffekte eintreten können.[17] Das ist aber keineswegs sicher (und es gibt keinen Grund, gerade bei Williams ein privilegiertes Wissen über himmlische Gefilde zu vermuten). Zweitens ist wenig überzeugend, dass das große Glück überhaupt dem Modell einer Bedürfnisbefriedigung mit Gewöhnungseffekt entspricht. Deswegen kann auch die von Augustinus erhoffte Möglichkeit nicht widerlegt werden, dass sein Herz in Gott endlich dauerhaftes Glück erfährt.

3) Glück kann nicht direkt gewollt werden.
Schon bei Aristoteles findet sich die Einsicht, dass man das Glück nicht direkt anstreben kann, und Sören Kierkegaard prägt dafür das schöne Bild der Tür zum Glück, die nach außen aufgehe. Je mehr man hineindränge, um so mehr drückt man gegen die Tür und verschließt sich die Möglichkeit des Glücks. Aber warum sollte das Glück so sperrig sein? Viktor E. Frankl, der in diesem Zusammenhang von einer »Paradoxie des Glücks« spricht, hat das überzeugend erklärt: Glück lässt sich nicht direkt anstreben, sondern tritt nur dann ein, wenn wir etwas anderes um seiner selbst willen tun.
»Normalerweise ist Glück gar nicht das Ziel menschlichen Strebens, sondern jeweils die Wirkung des Ein-Ziel-Erreichthabens. [...] Glück und Lust sind Effekte, kommen nur als solche zustande und müssen Effekte auch bleiben, sollen sie nicht zunichte werden.«[18]
Wer das Glück (oder die ihr in dieser Hinsicht verwandte Lust) direkt zum Ziel seines Strebens macht, wird gerade deswegen scheitern, weil er durch das Zielen auf Glück (oder Lust) nicht mehr die Dinge anzielt, die ihn glücklich machen könnten:
»In dem Maße jedoch, in dem das eigentliche, ursprüngliche menschliche Streben nach solchen möglichen Gründen [...] umgebogen wird in ein Streben nach Lust [...] in dem Maße, in dem solcherart die Aufmerksamkeit auf die Lust konzentriert wird – im gleichen Maße wird der Grund, den einer zur Lust haben mag, ausgeklammert aus der Aufmerksamkeit und im gleichen Maße verliert er ihn aus den Augen. Eben damit muß auch die Lust in sich zusammensacken.«[19]

---

16 Vgl. *Bernard Williams*, Probleme des Selbst. Philosophische Aufsätze 1956–1972, aus dem Englischen übersetzt von Joachim Schulte, Stuttgart 1978. Im Kapitel »Die Sache Makropulos: Reflexionen über die Langeweile der Unsterblichkeit« verhandelt Williams diese Position.
17 Darauf hat jüngst *Hendrikje Machate* hingewiesen (»Warum das Paradies nicht langweilig ist«; unveröffentlichtes Essay, Bamberg 2011).
18 *Frankl*, Paradoxien, 108.
19 A.a.O., 109.

Es entspricht dieser Analyse Frankls, dass häufig die so genannten »Flow«-Erlebnisse als Momente höchsten Glücks erscheinen. Einen »Flow« charakterisiert Mihaly Csikszentmihalyi als ein fast rauschartiges Gefühl vollständigen Aufgehens in einer Beschäftigung. Dieser Flow tritt allerdings nur ein, wenn wir uns ganz auf ein Handlungsziel konzentrieren und uns darüber gleichsam vergessen. Nachdem er seine Flow-Theorie zu einer eigenen Glückstheorie ausgebaut hat, empfiehlt Csikszentmihalyi daher als Weg zum Glück, nicht zu sehr an sich zu denken, d.h. *»nicht allzu sehr mit sich selbst beschäftigt zu sein und sich dauernd über sich selbst Sorgen zu machen oder Angst zu haben, man könnte lächerlich auf die anderen wirken.«*[20]
Sich selbst zu vergessen ist aber gerade dann kaum möglich, wenn man die eigene Lust oder das eigene Glück anstrebt. Darum kann Hölderlin das höchste Glück darin finden, wenn ihm ein Gedicht gelungen ist. Und deswegen ist die Liebesbeziehung eine besondere Quelle menschlichen Glücks. Auch sie wird nur gelingen und den Mensch erfüllen, wenn man den Anderen nicht als Mittel zum eigenen Glück betrachtet, sondern wenn es den Liebenden primär um den Geliebten geht.

V Vom Glück des sich entziehenden Glücks

Die Beobachtung, dass unser Glück so prekär ist, kann auch etwas über den Menschen sagen; denn unser hartnäckiges Streben nach dem sich entziehenden »Glück« gleichwie die Gründe für dessen Sperrigkeit sind tief mit unserer Natur verwoben. Im Glück und dem Streben danach sind unsere Natur als Organismus und unsere höheren menschlichen Vermögen gleichermaßen betroffen – und nicht zuletzt deswegen kann sich der Glückbegriff von einem rein sinnlichen Verständnis bei Freud bis zu einer theologischen Deutung bei Augustinus erstrecken. Beim Glück kommen die Aspekte unseres Menschseins aber nicht nur zusammen, sondern stehen in einem interessanten Verhältnis zueinander. Die kreatürlich-organische Struktur zeigt sich als Voraussetzung für die höheren Vermögen des Menschen. Dies lässt sich an den gerade aufgeführten Gründen für die Sperrigkeit des Glücks aufweisen.

Unverfügbarkeit und Kurzlebigkeit des Glücks als Handlungsimpuls

Dass zum Glück auch unverfügbare Dinge gehören, verweist auf unsere organische Natur als bedürftige Wesen. Wird die Zufuhr von Nährstoffen oder Energie gestört, so werden wir krank, bricht sie ab, so

---

[20] *Mihaly Csikszentmihalyi*, Flow – der Weg zum Glück. Der Entdecker des Flow-Prinzips erklärt seine Lebensphilosophie, Freiburg 2010, 61.

müssen wir sterben. Hans Jonas spricht hier sogar von der strukturellen Spannung zwischen Freiheit und Notwendigkeit, die alle Lebewesen charakterisiere:[21] Sie sind einerseits in ihrer Gestalt frei vom konkret Stofflichen, da sie ihre Form bewahren, auch wenn sich ihre Materialität im Stoffwechsel ständig austauscht. Diese Freiheit vom Materiellen nimmt im Menschen die höchste, da selbstbewusste Form an. Zugleich sind Lebewesen aber in hohem Maße an die Materie gebunden, denn wegen des Stoffwechsels sind sie von diesem Stoffaustausch und damit vom Stofflichen abhängig. Bedürftigkeit lässt sich so als Preis für die Freiheit interpretieren.

Die Bedürftigkeit ist charakteristisch für alle Lebewesen, aber sich der Bedürftigkeit bewusst zu sein, ist ein Wesensmerkmal des Menschen. Ebenso wie wir zum Glück streben, wollen wir das Unglück vermeiden. Daher wird die Bedürftigkeit zu einem Impuls, gestaltend in die Welt einzugreifen. Wir sind motiviert, uns die äußeren Dinge zu sichern, deren wir bedürfen. Wir suchen Nahrung, kämpfen gegen Krankheit und Leiden, ja selbst gegen den Tod, den wir soweit möglich hinausschieben wollen. Unser Streben nach Glück drängt gegen die Unbill und versucht, Polder des Verfügbaren dem Meer des Unverfügbaren abzugewinnen. Und dabei kommen wir nie ganz zum Ziel; das Meer bleibt unendlich groß.

Zugleich hatten wir festgestellt, dass kein Glück von Dauer ist. Auch dies entspricht zunächst unserer organischen Natur: Als komplexe Systeme im Fließgleichgewicht kann es für Organismen keinen Stillstand geben; sie sind darauf angewiesen, sich permanent aktiv zu erhalten. Auch das gilt in besonderer Weise für den Menschen. Da jede Befriedigung nur für einen kurzen Moment währt, bevor ein neues Bedürfnis sich regt oder ein altes von neuem erwacht, sind wir nie dauerhaft glücklich – und der Handlungsimpuls wird stetig erneuert. Der Mensch ist so in eine produktive Unruhe versetzt.

Die Paradoxie als Grundlage der Wertanerkennung und Liebe

Viel über den Menschen sagt auch die Paradoxie des Glücks, dass nämlich das Glück kein direktes Ziel unseres Wollens sein kann, sondern nur indirekt, über das Erstreben anderer Dinge erreicht wird. Auch dieses eigentümlich indirekte Erreichen eines Ziels scheint schon in der organischen Natur des Menschen eine Entsprechung zu finden: Wie wir nur indirekt zum Glück schreiten, so muss auch evolutionär jeder Organismus einen indirekten Weg wählen, um das Ziel Leben oder Selbsterhalt zu erreichen. Er setzt sich evolutionär nicht durch, indem er sich selbst möglichst lange erhält, sondern indem er Nachkommen erzeugt, die weiterleben und sich vermehren. Wegen seiner

---

[21] *Hans Jonas*, Das Prinzip Leben, Frankfurt 1994.

eigenen Endlichkeit geht der Weg nur über andere, die sein Erbgut weitertragen, ja er muss sogar sterben, weil er sonst seinen Nachkommen im Weg stünde. Ein Lebewesen, das sich an sich selbst und seinen Erhalt um jeden Preis klammert, wird langfristig keine Chance haben. Zudem braucht der evolutionäre Erfolg Variationen. Das heißt, nur ein Organismus, der sich nicht zu getreulich reproduziert (etwa klont), sondern Veränderungen von Generation zu Generation aufweist, kann in einer sich wandelnden Welt bestehen. Der Erfolg ist auch hier nur durch den Verzicht auf »sich selbst« zu erlangen – und gerade diese Variationen machen dann die Diversität der Lebensformen möglich und bereichern die Natur mit immer neuen Arten.

All das gilt für den Menschen als Organismus. Aber die Paradoxie hat noch eine weitergehende Bedeutung für uns. Wie der indirekte Weg im Organischen die Vielfalt der Lebensformen erklärt, so bereichert das nur indirekt zu verwirklichende Glücksstreben unsere soziale Welt. Das Streben nach Glück kann nur Erfüllung finden, wenn wir anderes und andere um seiner bzw. ihrer selbst willen annehmen und nicht als bloßes Mittel zum eigenen Glück. Wenn das stimmt, dann wird der Mensch dadurch ein richtig verstandenes Glücksstreben auf den Eigenwert anderer Dinge verwiesen bzw. von all dem, was Grund unserer Glückserfahrungen werden kann. In ganz besonderer Weise sind es freilich andere Menschen, die uns beglücken können. Und gerade ihnen gegenüber ist eine solche, im buchstäblichen Sinne wertschätzende Einstellung die beste Grundlage: Durch das Anerkennen ihres Eigenwertes begegnen wir nicht nur ihnen in einer verbindlichen Weise, sondern können zugleich von uns absehen – denn nur, wenn wir das Gegenüber in dieser Weise schätzen, wird unsere Zuwendung eine solche Intensität und Offenheit haben, dass wir uns selbst vergessen können. Wenn der Preis dafür die Paradoxie des Glücks ist, sollen wir ihn gerne zahlen.

Das Glück, welches sich uns immer wieder entzieht, kann so als ein wirklicher Glücksfall für uns betrachtet werden. Für den Philosophen ist es ein Glücksfall, weil das Glücksstreben ein Schlüssel dazu ist, Besonderheiten des Menschen zu erschließen und sie erklärend zueinander in Beziehung zu setzen. Dem Theologen gibt das Glücksstreben einen Anknüpfungspunkt, um die Gottesbeziehung anthropologisch zu verankern. Denn auch bei Gott geht es darum, ein (wenigstens angenommenes) Gegenüber mit seinem Eigenwert anzuerkennen und sich auf es einzulassen. Und für uns Menschen ist das sich immer wieder entziehende Glück ein Geschenk, weil es uns in unruhiger Offenheit für andere hält und wir so befähigt sind, uns zu übersteigen und zu lieben.

ISOLDE KARLE

Das Streben nach Glück

Eine Auseinandersetzung mit der Beratungsgesellschaft

Das Streben nach Glück ist ein urmenschlicher Impuls. Deshalb ist es wichtig und gut, dass sich die Theologie dem Phänomen Glück zuwendet. Zugleich ist unverkennbar, dass die Suche nach gelingendem Leben und die große Sehnsucht nach Glück und Erfüllung in der spätmodernen Gesellschaft ganz spezifische Züge tragen und auch mit ganz neuen Zwängen einhergehen. Ich will mit einer soziologischen Analyse beginnen. Wie die Theologie betont die Soziologie durchweg den ambivalenten Charakter modernen Glücksstrebens. Im zweiten Teil meines Beitrages geht es deshalb um die Frage, worin Glück eigentlich besteht, wie es theologisch zu deuten ist und inwiefern wir etwas zum Glücklichsein beitragen können oder nicht. Im dritten Teil frage ich schließlich unter praktisch-theologischer Perspektive nach den Konsequenzen für die Praxis der Kirche, für Seelsorge, Predigt und Gottesdienst. Wie kann die kirchliche Praxis kritisch und konstruktiv zugleich an das Bedürfnis nach Glück und die Suche nach Rat und Lebenshilfe anknüpfen?

I Die Beratungsgesellschaft

1. Paradoxien der Individualisierung

Wir leben nicht nur in einer Risiko-, Erlebnis- und Informationsgesellschaft, sondern auch in einer Beratungsgesellschaft.[1] Auf allen Ebenen des täglichen Lebens suchen Individuen heute nach professionellem Coaching, nach Expertise und Rat: in Erziehungsfragen, beim Zeitmanagement, auf der Suche nach Muße in der Beschleunigungsgesellschaft, bei Fragen der gesunden Ernährung, bezüglich Partnerschaft und Sexualität, der work-life-balance von Berufs- und Privatleben und – *last but not least* – ganz grundsätzlich auf der Suche nach ihrem Lebensglück. Offenbar verstehen sich viele Vollzüge des Alltags und der Lebensführung nicht mehr von selbst. Die meisten Menschen trauen es

---

[1] Vgl. *Peter Fuchs*, Die magische Welt der Beratung, in: *R. Schützeichel / Th. Brüsenmeister* (Hg.), Die beratene Gesellschaft. Zur gesellschaftlichen Bedeutung von Beratung, Wiesbaden 2004, 239–257.

sich nicht mehr zu, ihre Kinder nach bestem Wissen und Gewissen zu erziehen, sie kaufen sich vielmehr schon vor der Geburt ihres ersten Kindes mehrere Ratgeber. Sogar für die Namensgebung bedarf es eines eigenen Vornamenlexikons zur Orientierung. Wie kommt es, dass sich Menschen nicht mehr auf sich selbst verlassen, dass sie Fragen des alltäglichen Lebens nicht mehr intuitiv oder nach Erfahrungswissen entscheiden und weder ihre Eltern noch Freunde fragen, sondern meinen, für alles professioneller Fremdberatung zu bedürfen?
Uns ist eine gewisse Selbstverständlichkeit der Lebensführung abhanden gekommen. Das hat mit einer gesellschaftlichen Entwicklung zu tun, die die Moderne schon seit Beginn kennzeichnet, aber in den letzten Jahrzehnten noch einmal eine erhebliche Dramatisierung erfahren hat. Die moderne Gesellschaft ist eine *Multioptionsgesellschaft*,[2] eine Gesellschaft, die durch die Individualisierungs- und Pluralisierungsprozesse der letzten Jahrzehnte, durch die immense Ausweitung an Kommunikationsmöglichkeiten über Computer, Internet und Smartphones, durch die erheblich gestiegene Mobilität und Variabilität uns ständig und überall mit einer Überfülle an Waren, Informationen, Lebensstilen, Werten und Normen konfrontiert. Der Sozialpsychologe Kenneth Gergen beklagt in diesem Zusammenhang das erschöpfte, beunruhigte und verunsicherte Selbst, das völlig überfordert ist mit den vielen Wahl- und Informationsmöglichkeiten.[3] Ständig stürmen immer neue Reize, Ansprüche und Kommunikationsangebote aus allen möglichen Richtungen auf uns ein. Dass wir das Gefühl haben, zu wenig Zeit zu haben, obwohl die Technik uns heute so vieles erleichtert, hat mit diesem »aufmerksamkeitsfressenden *information-overload*«[4] zu tun. Mancher leidet unter seinem E-Mail-Postfach schon am Morgen wie der antike Held Sisyphos, »der sich täglich mit äußerster Kraft gegen sein Schicksal stemmt und dessen Last doch nie geringer wird.«[5] Deshalb hat Ulrich Schnabel auch gleich ein Ratgeberbuch in der Absicht verfasst, seinen Leserinnen und Lesern zu demonstrieren, wie sie der Verstrickung in die Sofort- und Endloskommunikation wenigstens ab und an entkommen können.
Ulrich Beck spricht in analoger Weise von den Paradoxien der Individualisierung, die unter gesellschaftlichen Rahmenbedingungen greifen, die eine verselbstständigte Existenz weniger denn je zulassen, weil die Organisationen, die auf uns zugreifen, immer mehr reglementieren und standardisieren.[6] Wie die nicht selten widersprüchlichen Ansprüche

---

2 Vgl. *Peter Gross*, Die Multioptionsgesellschaft, Frankfurt a.M. 1994.
3 Vgl. *Kenneth J. Gergen*, Das übersättigte Selbst. Identitätsprobleme im heutigen Leben, Heidelberg 1996.
4 *Ulrich Schnabel*, Muße. Vom Glück des Nichtstuns, München 2010, 65.
5 A.a.O., 66.
6 Vgl. *Ulrich Beck*, Risikogesellschaft. Auf dem Weg in eine andere Moderne, Frankfurt a.M. 1986.

der unterschiedlichen Funktions- und Organisationssysteme unter einen Hut zu bringen sind, wie Beruf und Privatleben, die Erziehung von Kindern und die Pflege gebrechlicher Eltern, wie die Kultivierung von Freundschaften und der Konsum von Gütern im individuellen Leben zu vereinbaren sind, das bleibt das Problem des und der Einzelnen, das ist das Problem seiner oder ihrer Identität. Individualisierung erzeugt dabei keineswegs notwendigerweise starke Individuen mit Mut zur Originalität, vielmehr macht die moderne Gesellschaft strukturelle und semantische Vorgaben, denen kaum auszuweichen ist. Das moderne Individuum, das sich durch »Originalität, Einzigartigkeit, Echtheit der Selbstsinngebung«[7] auszeichnen soll, kann gar nicht anders, als laufend gesellschaftliche Muster zu kopieren, zuallererst das Muster der Individualität.[8] In einer Sequenz des Monty-Python-Films »Das Leben des Brian« wird die damit einhergehende Paradoxie illustriert: Der von einer eifernden Menge für den Messias gehaltene Brian versucht diese davon abzuhalten, ihm blind zu folgen, und ruft ihr vor seinem Fenster zu: »Ihr seid doch alle Individuen!« Daraufhin antwortet die Menschenmenge einstimmig im Chor: »Ja, wir sind alle Individuen!« Nur einer stellt lapidar fest: »Ich nicht.«

Individuen sind unvergleichbar und zugleich gerade darin gleich, das ist die paradoxe moderne Überzeugung. Die Massenmedien, die Werbeindustrie, die Kleidungsindustrie und die Lifestylestandardisierungen machen uns vor, wie wir uns zu geben und zu kleiden haben, wie viel wir wiegen dürfen, was wir besitzen müssen, ja sogar, was wir essen sollen, um überzeugende Individualitäten darzustellen. »Alle kopieren, alle richten sich nach der Mode.«[9] Muss sich das Individuum selbst bestimmen, »liegt nichts näher als der Vergleich mit anderen. Andersseinkönnen heißt dann eben: so sein können wie ein anderer.«[10] Es sind die Freiheitsillusionen des Konsums, die den Blick für diese Paradoxien verstellen und damit für die Abhängigkeiten und Normierungen, die sie zwangsläufig mit sich bringen. Luhmann formuliert zugespitzt: »Am Ende lebt der Mensch im Zustande der Abhängigkeit von den Illusionen der Unabhängigkeit. Die Gesellschaft versklavt die

---

[7] *Niklas Luhmann*, Die Gesellschaft der Gesellschaft, 2 Bde, Frankfurt a.M. 1997, 1019.
[8] »[...] dem Individuum wird jetzt erlaubt, sich selbst als einzigartig zu behaupten. Für die praktischen Verhältnisse der sozialen Kommunikation bedeutet dies aber nur, daß es nicht erlaubt ist, einer solchen Behauptung zu widersprechen, auch wenn die Copie des Individualitätsmusters auf der Hand liegt.« *Niklas Luhmann*, Die Autopoiesis des Bewußtseins, in: *A. Hahn / V. Kapp* (Hg.), Selbstthematisierung und Selbstzeugnis: Bekenntnis und Geständnis, Frankfurt a.M. 1987, 25–94: 69.
[9] *Niklas Luhmann*, Individuum, Individualität, Individualismus, in: *ders.*, Gesellschaftsstruktur und Semantik. Studien zur Wissenssoziologie der Moderne, Bd. 3, Frankfurt a.M. 1989, 149–258: 222f.
[10] A.a.O., 221.

Individuen, ohne sie daran zu hindern, sich frei zu wähnen.«[11] Traum und Trauma der Freiheit gehen unversehens ineinander über.

2. Auf der Suche nach Glück

Steuerungsexperten für das gute Leben

Es überrascht nicht, dass moderne Individuen angesichts der undurchschaubaren Vielfalt der Angebote und Möglichkeiten und angesichts einer sich ständig verschärfenden Spirale der Steigerung, Intensivierung und sensationellen Überbietung des Gegebenen unter Orientierungslosigkeit und Sinnkrisen leiden. Viele leben in der Angst, die eigentlich relevanten Chancen am Ende doch noch zu verpassen, und überlegen ständig, ob sie in diesem oder jenem Fall nicht anders hätten entscheiden sollen. Atemlos laufen sie hinter der Erfüllung ihres Lebens her. Deshalb sind die Ratgeber so populär, deshalb sucht eine ganze Gesellschaft mehr oder weniger verzweifelt nach Glück.
Mit der abnehmenden Orientierungsverbindlichkeit und Tragfähigkeit von Lebenslaufmustern und identitätsstiftenden Leitbildern ist zugleich undeutlicher und unanschaulicher geworden, was ein angemessenes, gutes Leben ist. »Man kann darin ein hohes Autonomiepotential für das Individuum, aber auch die Gefahr ständiger Überlastung durch Reflexionsansprüche sehen [...], die Bedeutung von Steuerungsexperten für ein ›gutes Leben‹ nimmt zu.«[12] Wenn alles kontingent und prinzipiell wählbar wird, dann kann nichts mehr selbstverständliche Geltung beanspruchen. »Ohne Rezept ist man hilflos.«[13] Äußere Verlässlichkeiten gehen verloren und sollen durch innere Verlässlichkeit ersetzt werden. Und um diese kümmern sich nun die Ratgeber. »Keiner weiß mehr, wer er ist, was er will, was er soll. Jemand muss es ihm sagen. [...] Der professionelle Identitätskonstrukteur muss dem Einzelnen sagen, wonach er sich sehnt und wozu er da ist.«[14]

Individuelle Zurechnung von Schuld

In einer Gesellschaft, die sich nicht mehr an Herkunft und Schicht orientiert, sondern die Lebens- und Karrierechancen an das Individuum delegiert, entstehen nicht nur neue Freiheiten, sondern auch »neue Formen der Schuldzuweisung«[15]. Nach dem Verschwinden aller In-

---

[11] A.a.O., 197.
[12] *Hanns-Georg Brose / Bruno Hildenbrand*, Biographisierung von Erleben und Handeln, in: *dies.* (Hg.), Vom Ende des Individuums zur Individualisierung ohne Ende, Opladen 1988, 11–30: 23.
[13] *Manfred Prisching*, Die Ratgeber-Gesellschaft, in: ThPQ 154, 2006, 115–126: 116.
[14] A.a.O., 118.
[15] *Beck*, Risikogesellschaft, 218.

stanzen, die man bislang für sein Schicksal verantwortlich machen konnte, müssen sich Individuen zunehmend Ereignisse und Entscheidungen selbst zuschreiben. »Ist das Ereignis schlecht, hat der Akteur falsch entschieden. [...] Der Einzelne ist immer schuld, angesichts seiner vielen Möglichkeiten.«[16] Was früher als Schicksalsschlag oder als Wille Gottes interpretiert werden konnte, ist heute zumindest *auch* Konsequenz eigener Entscheidung, die als solche getragen und verantwortet werden muss. Das macht es noch schwerer, als es ohnehin ist, mit Niederlagen, mit dem Scheitern in Ehe oder Beruf, nicht zuletzt auch mit Krankheit, für deren Entstehen viel zu häufig psychische Ursachen geltend gemacht werden, umzugehen.[17]

Die Ratgeberliteratur und Ratgeberszene verschärft diesen Modus individueller Zurechnung, weil sie ihrerseits von einer sehr *weitreichenden Gestaltbarkeit und Steuerbarkeit des Lebens* ausgeht. »Jeder kann ganz anders werden. Es gibt keine Grenzen: Ratgeber sind selbst ein gutes Beispiel für das gesamtgesellschaftlich dominante Steigerungsspiel.«[18] Insbesondere bei der Motivationsliteratur fällt das auf. Dort scheint man beinahe von einer beliebigen Gestaltbarkeit des »Menschenmaterials« auszugehen. Den Individuen wird suggeriert, sie könnten letztlich alles, was sie wollten, wenn sie es nur ernsthaft wollten und dabei ein paar gute Ratschläge befolgten. Es gibt anspruchsvolle Ratgeber, die auf solche Trivialisierungen verzichten, aber die Mehrheit geht davon aus, dass sich Menschen jederzeit ändern können, wenn sie es denn wollen. So unterstellt selbst Eckart von Hirschhausen, dass man Glück lernen kann. Es bedürfe lediglich der Übung wie bei einem Musikinstrument.[19]

Die meisten Ratgeber setzen voraus, dass krisenhafte Situationen durch den Appell an vernünftig entscheidende Individuen zu meistern sind. Die Ratgeberliteratur nimmt eine *Volitionswelt* an, wie Peter Fuchs formuliert,[20] eine Welt, in der alles über Willenskraft und Selbststeuerung läuft und Absichten gezielt in Ergebnisse umgesetzt werden können. Individuen sollen für sich selbst kalkulier- und handhabbar werden. Dass sich viele Einflussfaktoren dem Individuum entziehen, ja, dass das eigentliche Leiden vieler Individuen gerade darin besteht, sich nicht nach Wunsch und auf Kommando hin verändern zu können, wird ausgeblendet. Menschen sind keine Trivialmaschinen. Sie ändern sich zwar, aber nicht teleologisch bestimmbar, ihre Entwicklung ist in aller Regel unvorhersehbar und unberechenbar. Dies

---

16 *Prisching*, Ratgeber-Gesellschaft, 119.
17 Vgl. zum letzten: *Isolde Karle*, Sinnlosigkeit aushalten! Ein Plädoyer gegen die Spiritualisierung von Krankheit, in: WzM 61, 2009, 19–34, und: *Susan Sontag*, Krankheit als Metapher. Aids und seine Metaphern, Frankfurt a.M. ²2005.
18 *Prisching*, Ratgeber-Gesellschaft, 122.
19 Vgl. *Eckart von Hirschhausen*, Glück kommt selten allein, Reinbek 2009.
20 Vgl. *Fuchs*, Die magische Welt der Beratung, 244.

gilt nicht nur im Hinblick auf die gezielt beabsichtigte Änderung anderer Menschen in der Erziehung, sondern auch im Selbstbezug. Komplexe Wesen, wie wir Menschen es sind, sind für sich selbst in hohem Maß intransparent und haben »ein hochgradig unscharfes Bild ihrer selbst. Diese Unschärfe läßt sich gerade noch ahnen, jedoch konstitutiv nicht: beheben.«[21] Der Mensch ist deshalb »alles andere denn hellsichtig im Umgang mit sich selbst«[22]. Die biblischen Überlieferungen sehen das sensibel und betonen, dass es – bei allem persönlichen Involviertsein – ein weithin unverfügbares Geschehen ist, wenn Menschen umkehren, wenn sich eine grundlegende Wende vollzieht – wie beim Apostel Paulus – und das Selbst und die Welt plötzlich mit ganz anderen Augen wahrgenommen und erkannt werden können.

Konformitätsdruck

Individuen werden in der Ratgebergesellschaft auf ihre Freiheit und ihr Glück verpflichtet. »Ob man das Glück und damit das wahre Leben wählt, wird zu einer Frage der Entscheidung. Die vorgestellten Techniken geben dazu konkrete Unterstützung: Gefühls- und Gedankenlenkung, Motivations- und Energiesteigerung, Zielfindungs- und Entscheidungshilfen oder Zeit- und Selbstmanagementtools operationalisieren und routinisieren die Entscheidung zum Glück.«[23] Dadurch entsteht paradoxerweise sowohl ein Handlungs- (ich muss ständig an mir arbeiten) als auch ein Konformitätsdruck, der die Individuen an die Bedürfnisse einer ökonomisierten Gesellschaft anpasst.
Stefanie Duttweiler hat diese Dynamik im Anschluss an Foucault als *neoliberale Gouvernementalität* oder auch als *neoliberale Regierungstechnologie*[24] bezeichnet: »Hier [in der Beratung, IK] verbinden sich die Techniken der Herrschaft mit denjenigen der Selbstführung der Individuen.«[25] Individuen sorgen für ihre Selbstoptimierung mit Hilfe von Beratungsliteratur und passen sich gerade so an die ökonomisierte Gesellschaft an, die wie die Ratgeberliteratur auf Wachstum, Steigerung und kreative Entfaltung setzt. Jeder soll zu seinem eigenen Unternehmer werden und lernen, sein Leben, sein Glück, selbst seine Konflikte zu managen und die Kontrolle über sich selbst und seine so-

---

21 *Peter Fuchs*, Blindheit und Sicht. Vorüberlegungen zu einer Schemarevision, in: P. Fuchs / N. Luhmann, Reden und Schweigen, Frankfurt a.M. 1992, 178–208: 206.
22 Ebd.
23 *Stefanie Duttweiler*, Vom wahren und falschen Leben. Glücksratgeber als Lebenshelfer im Neoliberalismus, in: PrTh 45, 2010, 6–11: 9.
24 Vgl. *Stefanie Duttweiler*, Sein Glück machen. Arbeit am Glück als neoliberale Regierungstechnologie, Konstanz 2007.
25 *Stefanie Duttweiler*, Beratung als Ort neoliberaler Subjektivierung, in: R. Anhorn / F. Bettinger / J. Stehr (Hg.), Foucaults Machtanalytik und Soziale Arbeit. Eine kritische Einführung und Bestandsaufnahme, Wiesbaden 2007, 261–276: 263.

Das Streben nach Glück 57

ziale Umwelt zu steigern. Alle Probleme werden letztlich als lösbar aufgefasst. Dass dies keine frohe Botschaft ist, liegt auf der Hand. Es wäre viel entlastender für die meisten Menschen, ihnen zu sagen, dass manche Probleme nicht lösbar sind, dass man mit gewissen Spannungen und Ambivalenzen leben muss – und kann und *darf*. Dies befreite von der Erwartung persönlicher Harmonie und Ganzheit, die zwangsläufig Stress, Unzufriedenheit und Enttäuschung auslöst, weil sie in der Regel nicht erfüllbar ist. Die subjektive Empfindung von Unglück verdankt sich in der Überflussgesellschaft nicht selten der »Übererwartung«[26] und nicht etwa einer realen Mangel- oder Notsituation.[27] Es verwundert von daher nicht, dass die Bereitschaft, unangenehme Situationen auszuhalten, massiv gesunken ist.[28]

Die Sache wird dadurch noch prekärer, dass die meisten Ratgeber eine Übereinstimmung »zwischen dem inneren Authentizitätskern (den es zu entdecken gilt) und dem äußeren Lebenserfolg«[29] annehmen. Manfred Prisching hebt vor allem auf diesen Zusammenhang ab: Das persönliche Glück und der berufliche Erfolg, so die Suggestion, gehen Hand in Hand. Persönliche Eigenheiten wie Eigenbrödlerei oder Introvertiertheit werden deshalb nicht als individuelle Charakteristika gewürdigt, sondern zu Defiziten erklärt, die es zu beheben gilt, um anschlussfähig und damit glücklich zu sein.[30] Jeder Missstand wird tendenziell zum Ansatzpunkt für Optimierung und Veränderung, es geht um kontinuierliche Verbesserung und unbegrenzte Lernfähigkeit. Dazu bedarf es einer Atmosphäre, die nicht das Festhalten am Gewohnten und »Normalen«, sondern stets die Infragestellung belohnt.

Abwertung von Normalität

Bei den Glücksratgebern fällt ins Auge, dass die ganze Welt mit der Unterscheidung glücklich/nicht-glücklich gelesen wird. Zwischentöne und Zwischenlagen fallen mehr oder weniger aus. Die jeweiligen Zustände im Leben werden vereindeutigt und dramatisiert. Die Normalität des Alltags wird damit aus dem Bereich des Akzeptablen verdrängt – Normalität wird prinzipiell verdächtig. Denn »das Leben gilt erst dann als erfüllt, wenn es mit dem Gefühl der Freude einhergeht und sich energiegeladen und lebendig anfühlt«[31]. Ratgeber versuchen deshalb nicht selten, »normalen« Menschen ihre Normalität auszureden

---

26 *Odo Marquard*, Zukunft braucht Herkunft. Philosophische Essays, Stuttgart 2003, 212.
27 Dasselbe Phänomen beschreibt *Ralf Miggelbrink* als Mangelobsession in der ökonomisierten Gesellschaft. Siehe dazu seinen Beitrag in diesem Band.
28 Vgl. *Imke Hinrichs*, Vom Glück, ein Mensch zu sein. Ein theologischer Blick auf das Menschenbild in Glücksratgebern, in: PrTh 45, 2010, 24–31: 29.
29 *Prisching*, Ratgeber-Gesellschaft, 123.
30 Vgl. a.a.O., 123f.
31 *Duttweiler*, Vom wahren und falschen Leben, 9.

und ihnen Originalität und Superiorität zu suggerieren.[32] Doch damit wird der ganz normale Alltag, die ganz normale Beziehung, die ganz normale Karriere, die das Leben der allermeisten Menschen prägen, entwürdigt und abgewertet. »The winner takes it all« – letztlich bekommen nur die die Anerkennung, die es bis ganz oben geschafft haben, die Goldmedaillengewinner, schon der vierte Platz und noch viel weniger die ganz normale Leistung, die ganz normalen Verhältnisse interessieren nicht mehr.

Fairerweise muss man konzedieren, dass sich das Christentum an einer solchen »Realitätsvermiesung«[33] immer wieder beteiligt hat. Dabei geht es dem Christentum nicht um ein olympisches Menschenbild. Ich denke vielmehr an Predigten auf protestantischen Kanzeln, die sich schwer damit tun, den ganz normalen Alltag von Christinnen und Christen wahrzunehmen und zu würdigen – und sich nicht nur auf Helden wie Dietrich Bonhoeffer und Martin Luther King zu konzentrieren. Im Vergleich zu diesen »Helden« kann unsere alltägliche Realität nur schal und dürftig wirken.

Woody Allen hat das Leiden an der ganz normalen Realität und seine Glückserfahrung in ihr mit dem ihm eigenen Wortwitz auf den Punkt gebracht: »Ich mag die Wirklichkeit auch nicht, aber sie ist immer noch der beste Ort, an dem man ein anständiges Steak bekommt.«[34] Wir leben in einer Kultur, die uns suggeriert, unser persönliches Glück sei immer weiter steigerbar. Nicht zuletzt deshalb fällt es uns so schwer, glücklich zu sein – und uns an einem guten Steak zu erfreuen. Gerhard Schulze hat mit seiner Analyse der Erlebnisgesellschaft schon vor Jahren darauf aufmerksam gemacht, dass das allzu absichtsvolle Verfolgen des eigenen Glücks höchst risikoreich, enttäuschungsanfällig und in aller Regel kontraproduktiv ist. »Es ist deshalb weder erstaunlich, daß unsere Gesellschaft nicht glücklich scheint, noch ist der steigende Aufwand unerklärlich, mit dem sie nach Glück sucht.«[35] Damit soll die allgegenwärtige Suche nach Glück und Lebenshilfe nicht abgewertet, aber darauf aufmerksam gemacht werden, dass dem Glücksstreben tragischerweise »etwas Unglückseliges« anhaftet. »Wer strebt, ist wie getrieben, nie zufrieden, zerfahren, nie dort angekommen, wo er hinzugehören meint.«[36]

---

32 Vgl. *Prisching*, Ratgeber-Gesellschaft, 120.
33 *Marquard*, Zukunft braucht Herkunft, 212. »Perfektionistische Sollforderungen wirken als Realitätsvermiesung. Dieser Negativierungsmechanismus ist bei uns heute am Werk: weil die vorhandene Wirklichkeit der Himmel auf Erden sein soll und nicht ist, gilt sie als Hölle auf Erden, als ob es dazwischen nichts gäbe, um dessen Bestand zu zittern und den zu verteidigen sich lohnte: die Erde auf Erden.« Ebd.
34 »I hate reality but it's still the best place to get a good steak.«
35 *Gerhard Schulze*, Die Erlebnisgesellschaft. Kultursoziologie der Gegenwart, Frankfurt a.M. [8]2000 (1992), 14.
36 *Johann Hinrich Claussen*, Ein theologischer Blick auf die gegenwärtige Suche nach dem Glück, in: PrTh 45, 2010, 11–17: 15.

Das Streben nach Glück

Vor diesem Hintergrund erscheint die Skepsis der Theologie gegenüber dem Glücksstreben alles andere als lebensfremd oder arbiträr und wird zugleich deutlich, wie wichtig und unverzichtbar der Beitrag der Theologie zu einer Präzisierung und Differenzierung der Frage nach dem Glück oder nach einem Leben in Fülle[37] im Kontext der spätmodernen Gesellschaft ist.

II Theologische Perspektiven zum Glück

1. Die Gnade des Augenblicksglücks: die soteriologische Perspektive

»Glück ist eine Ausnahme, eine Unterbrechung. Es macht einen Zwischenraum auf, der zum Spielraum werden kann. Es schafft einen Ort der Freiheit, nicht nur der Befreiung des Menschen von äußeren Nöten, sondern auch von sich selbst und den Zwängen seines Strebens. Wem es sich mitteilt, der erfährt einen interesselosen Genuss, eine Lust, die sich verschwendet. Ein Ende von Sorge und Gier, von Geiz und Neid ist erreicht.«[38] Wahres Glück hat erlösenden Charakter. Es macht uns frei und offen für die Welt.

Es gibt unterschiedliche Arten von Glück. Das Augenblicksglück wird als ein momentanes oder situatives Glück erlebt, das zeitlich begrenzt und flüchtig ist. »Plötzlichkeit, Erfreulichkeit und Empfänglichkeit bilden die entscheidenden formalen Kriterien eines erfüllten Augenblicksglücks.«[39] Das Ziel der Glücksratgeber ist es nun, »Situationen zu kreieren, die für das Eintreffen des Augenblicksglücks aussichtsreich erscheinen. Doch kann das, was das Glück des Augenblicks ausmacht, nicht erzwungen werden.«[40] Es ist überdies unmöglich, sich dauerhaftes Glück in der Lebensführung zu verschaffen – das widerspräche dem *Episodencharakter* des Augenblicksglücks. »Denn dabei soll auf Dauer sicher gestellt werden, was seine ganze Qualität und seinen ganzen Reiz daraus empfängt, ein Augenblick zu sein.«[41] Ein Augenblick aber lässt sich nicht auf Dauer stellen.

Das Glück des Augenblicks wird nicht geschaffen, sondern zuteil. Das Augenblicksglück kommt unverhofft, ihm haftet ein Moment der Überraschung an. »Das Glück übersteigt die Reichweite menschlicher Selbstbestimmung, weil seine Voraussetzungen und Bedingungen nie genau auszumachen sind, weil sie wenigstens teilweise ›unzugänglich und unverfügbar sind‹. In dieser Unverfügbarkeit liegt [...] gerade der

---

37 Siehe dazu den Beitrag von *Ralf Miggelbrink* in diesem Band.
38 *Claussen*, Theologischer Blick, 16f.
39 *Jörg Lauster*, Glück als Gnade? Theologische Anmerkungen zur aktuellen Diskussion um das Glück des Augenblicks, in: rhs 50, 2007, 138–145: 139.
40 A.a.O., 140.
41 Ebd.

besondere Reiz und Charme des Augenblicksglücks.«[42] Unverfügbarkeit wird in diesem Fall nicht als Bedrohung oder Ohnmacht erlebt, sondern als Glück, weil die Kausalität von Absicht und Ziel hier heilsam durchbrochen und transzendiert wird. »Der Mensch ist – wenn auch nur vorübergehend – von der Frage entlastet, wozu dies oder das im Interesse seiner eigenen Absichten gut sein könnte. Es ist an sich gut und sich damit selbst genug.«[43]

Das Augenblicksglück hat eine religiöse Dimension, insofern sich im Glück des Augenblicks eine Erfahrung von Sinn einstellt, »die das übersteigt, was der Mensch selbst an Sinn ›machen‹ kann. Das Glück des Augenblicks erweist sich darin als eine Erfahrung von Transzendenz.«[44] Diese Erfahrung stellt sich aus theologischer Perspektive als göttliches Gnadenhandeln, als wohlwollende Zuwendung eines barmherzigen Gottes dar. Sie hat elementar damit zu tun, sich zu transzendieren, sich selbst zu vergessen, offen zu werden für Gott und die Welt und »mitten in der Endlichkeit Eins [zu] werden mit dem Unendlichen«, wie Friedrich Schleiermacher formuliert.[45] Eine solche Erfahrung ist Geschenk und Gabe. Sie befreit von sich selbst und durchbricht die *curvatio in seipsum*.

Es ist eine beglückende Erfahrung, das eigene Leben vor dem Hintergrund einer solch grundsätzlichen Zuwendung und Annahme bejahen zu können. »Der Mensch weiß sich von woanders her angenommen, bevor er sich selbst annehmen kann. Er erfährt sein Dasein in der Wirklichkeit aufgehoben, weil sich diese Wirklichkeit in jenen erfüllten Augenblicken als ihm wohlwollend zugewandt und ihn tragend erweist.«[46] Er weiß sich geborgen von guten Mächten, die er nicht selbst bestimmt, von denen er sich aber umgeben, gehalten und getragen weiß. Diese Form der Geborgenheit und »der Selbstakzeptanz entsteht aus der Erfahrung, dass die Erfüllung des Lebens immer schon das übersteigt, was der Mensch selbst dazu beitragen kann. Es ist das Sich-Einlassen auf die Unverfügbarkeit der Lebenserfüllung, die im Menschen ein ›Auskommen-mit-sich‹ [...] freisetzt.«[47]

Es ist deshalb nichts Bedrohliches, sondern etwas zutiefst Heilsames zu erkennen und zu erfahren, dass ich mein Leben nicht vollständig im Griff habe, dass es vielmehr von einer gnädigen Macht getragen wird,

---

[42] *Jörg Lauster*, Gott und das Glück. Das Schicksal des guten Lebens im Christentum, Gütersloh 2004, 151.
[43] *Lauster*, Glück als Gnade?, 141.
[44] *Lauster*, Gott und das Glück, 156.
[45] *Friedrich Schleiermacher*, Über die Religion. Reden an die Gebildeten unter ihren Verächtern, Berlin 1799, in: KGA I, 2, *G. Meckenstock* (Hg.), Berlin / New York 1984, 247.
[46] *Lauster*, Gott und das Glück, 166.
[47] *Lauster*, Glück als Gnade?, 143.

Das Streben nach Glück 61

über die ich nicht verfüge.[48] Der glaubende Mensch muss »nicht Garant des Lebens sein und dieses selber immer auf den eigenen Schultern tragen. Nicht immer stark, gesund, unfehlbar, unanfechtbar und allmächtig, kann er auch schwach, berührbar und gebrochen sein. Er kann sterben, ohne daß die Welt zusammenbricht.«[49] Im Vertrauen auf die Güte und Treue Gottes kann der Glaubende darauf verzichten, das Leben herbeizuzwingen. Er weiß, dass er das Wesentliche im Leben empfängt und nicht selbst erarbeiten oder verdienen kann.
Sehe ich mich in dieser Weise liebevoll gehalten und getragen, befreit dies zu realistischer Selbsterkenntnis. Es ist die große Stärke reformatorischer Theologie, dass sie eine anthropologische Skepsis pflegt, die nüchtern genug ist, keine überbordenden Erwartungen an die Verlässlichkeit und »Identität« der eigenen Person zu richten. Der Glaubende kann darauf verzichten, mit sich selbst identisch zu werden oder zu sein: »Als Glaubender ertrage ich die Unterscheidung des Menschen von sich selbst, indem ich Gott zwischen mir und mir wohnen lasse«[50]. Ein sprechendes Bild: Ich lerne meine Widersprüchlichkeit und Ambiguität zu ertragen, weil Gott sie erträgt – und zum Glück gibt es darüber hinaus in der Regel auch noch ein paar Menschen, die sie ertragen. Deshalb kann ich auch darauf verzichten, mit mir selbst identisch zu werden. Die Frage nach meiner Identität muss mich nicht mehr quälen, weil Gott sie schon beantwortet hat und »zwischen mir und mir wohnt«. Gott hält mir die Treue, auch wenn es mir schwer fällt, ihm oder mir selbst die Treue zu halten.
Der angefochtene Luther hat sich einmal mit den Worten getröstet: »Ich sei, wer ich wolle, so frage ich nichts danach«[51]. Nicht unähnlich formuliert Dietrich Bonhoeffer in seinem Gedicht »Wer bin ich?«, das er 1944 aus der Haft in Tegel schreibt: »Wer bin ich? Der oder jener? Bin ich denn heute dieser und morgen ein andrer? Bin ich beides zugleich? [...] Wer bin ich? Einsames Fragen treibt mit mir Spott. Wer ich auch bin, Du kennst mich, Dein bin ich, o Gott!«[52] Der auf Gott vertrauende Mensch muss sich nicht als kohärente Einheit beschreiben, er muss sich und anderen nichts beweisen und kann sich selbst und seine Mehrdeutigkeit aushalten, weil Gott sie aushält.
Wir können uns aus unserer Selbstbezogenheit nicht selbst befreien, so wenig wie sich Münchhausen an seinem Schopf selbst aus dem Sumpf

---

[48] Vgl. *Andrea Bieler / Hans-Martin Gutmann*, Rechtfertigung der »Überflüssigen«. Die Aufgabe der Predigt heute, Gütersloh 2008, 91.
[49] *Fulbert Steffensky*, Segnen. Gedanken zu einer Geste, in: PTh 82, 1993, 2–11: 5.
[50] *Eberhard Jüngel*, Gott – als Wort unserer Sprache, in: EvTh 29, 1969, 1–24: 21.
[51] Zit. nach *Martin Luther*, Die Predigten (Luther Deutsch, Bd. 8), Stuttgart/Göttingen ²1965, 136.
[52] *Dietrich Bonhoeffer*, Gedicht »Wer bin ich?«, Tegel Sommer 1944, in: *Ch. Gremmels / E. Bethge / R. Bethge* (Hg.), Widerstand und Ergebung. Briefe und Aufzeichnungen aus der Haft (DBW 8), Gütersloh 1998, 513–514: 514.

ziehen konnte. Befreiung und Vertrauen – sie liegen außerhalb unserer Steuerungsmöglichkeiten. Sie gehen von einer Bewegung *extra nos* aus, auch wenn wir aktiv in sie involviert sind. Sie bedürfen, um sich ereignen zu können, des Angeredetwerdens in der Verkündigung oder der Zuwendung und des Trostes durch andere Menschen. Sie sind darauf angewiesen, dass mir jemand anderes sagt, was ich mir selbst nicht sagen kann. Deshalb ist die *communio sanctorum*, sind Gottesdienst und Seelsorge grundlegende Kommunikationsvollzüge der Kirche – und elementarer Teil christlicher Lebenskunst.

Vertrauen und Freiheit sind fragile und flüchtige Erfahrungen, die wir nicht festhalten oder beliebig reproduzieren können. Der »Glaube ist kein Gut, das der Mensch besitzt, sondern etwas, das immer wieder ergriffen werden muss, weil es von Verdunklung und Zweifeln bedroht ist. Freiheit und Gelassenheit [...] sind kein Besitz des Glaubenden, kein dem Glaubenden inhärierender Habitus«[53], sondern ereignen sich immer wieder neu. Christinnen und Christen können ihre Selbstverkrümmung deshalb nicht einfach hinter sich lassen, selbst wenn sie dies gerne täten. Sie sind auch nicht notwendig die glücklicheren Menschen, wie schon Nietzsche süffisant bemerkte. Es ist wichtig, diese *Differenz von Glaube und Glaubenden* festzuhalten. Der Glaube ist die heilsame und heilende Perspektive Gottes auf die Welt, wir können diese Perspektive aber leider nicht immer in unsere Lebenspraxis übernehmen. Selbst wenn wir einsehen, wie wir selbst zu unserem Unglück beitragen – und dass das subjektiv empfundene Unglück womöglich nicht objektiven Umständen geschuldet ist –, steht es uns nicht einfach zu Gebote, nun fortan anders zu handeln oder zu empfinden. Das ist die richtige Pointe von Luthers Lehre vom unfreien Willen: Die existentiellen, wirklich wichtigen Fragen des Lebens, die uns innerlich tief berühren, können wir nicht einfach über Vernunft und Wille entscheiden. Die Chance zum Anderssein, zur Umkehr widerfährt uns vielmehr als Gnade, was nicht aus-, sondern einschließt, dass die Chance als *Kairos* dann auch individuell ergriffen werden muss.

2. Das eigene Glück als Glück des anderen: die ethische Perspektive

Sowohl Johann Hinrich Claussen als auch Michael Roth betonen in ihren Studien zu Martin Luther, dass Luthers Kritik am aristotelischen Glücksstreben nicht glücksfeindlich zu interpretieren sei. Luther wusste die irdischen Freuden durchaus zu schätzen. Er verehrte seine Frau Katharina, er liebte seine Kinder von Herzen, er war ein Liebhaber der Musik, er schätzte Freundschaft und Geselligkeit ebenso wie gutes Essen und Trinken. »Luther richtet sich nicht gegen ein Leben, das seine besten Anlagen verwirklicht bzw. sich seiner Bestimmung entspre-

---

53 *Michael Roth*, Glück und Kreuz. Überlegungen zu einer protestantischen »Theorie« des gelingenden Lebens, in: KuD 55, 2009, 304–324: 324.

Das Streben nach Glück 63

chend vollzieht. Er richtet sich gegen ein Leben, das danach *strebt*, dieses zu tun; denn gerade in diesem Streben sieht er nur den um sich selbst kreisenden Menschen.«[54]
Das Grundproblem der Sünde ist, dass sie in allem immer nur sich selbst sucht, dass sie nur auf den Selbstgenuss aus ist und dadurch sowohl die Schöpfung als auch andere Menschen letztlich für die eigenen Zwecke und Absichten instrumentalisiert. Damit schädigt der Mensch nicht nur andere, sondern auch sich selbst, denn echte Freude oder tief empfundenes Glück wird auf diese Weise gerade nicht erfahren. Wahrhaft glücklich ist nur der, der frei wird von den Fixierungen des eigenen Lebens und sich dadurch für den Nächsten, seine Freude und seine Not öffnet.
Die Glücksforschung lehrt uns, dass Menschen am ehesten dann Gefühle der Freude oder des Glücks entwickeln, wenn sie in einer Tätigkeit ganz und gar aufgehen, wenn sie einer Aktivität so hoch engagiert nachgehen, dass sie sich selbst dabei vergessen. Es ist die Erfahrung des Fließens, des *Flow*. »Im fließenden Umgang mit den Dingen des Daseins verfolgen wir keinen außerhalb ihrer liegenden Zweck, wir instrumentalisieren sie nicht für etwas anderes, sondern wir vollziehen ihre eigene Tendenz mit und gehen dabei in unserer Aktivität völlig auf.«[55] Kinder können das hervorragend, sie sind völlig gebannt vom Spiel und vergessen alles um sich herum. Deshalb fordert uns Jesus auch auf: Werdet wie die Kinder! Kinder nehmen offen und vertrauensvoll an der Wirklichkeit teil, ohne dass sie etwas außerhalb des im Moment Erlebten anstreben. »Glück ist zu finden in der Gegenwart, im gegenwärtigen Sichbestimmtseinlassen durch das Dasein. Wir verfehlen das Glück, wenn wir uns der Gegenwart verschließen, indem wir die Gegenwart in Bezug auf ein Projekt für die Zukunft dienstbar machen.«[56]
Sünde ist Verlust der Gegenwart,[57] sie schürt die Angst, sich auf die Gegenwart einzulassen und sich in ihr zu verlieren. »Gegenwärtig, präsent ›ganz da sein‹ zu dürfen, ist Gnade.«[58] Der gegenwärtige Mensch lebt frei von sich selbst, ohne Sorgen, wie es Jesus in der Bergpredigt verkündet, und ist ganz der Welt und dem Leben zugewandt. Die Bibel predigt die verschwenderische Liebe Gottes, die nicht auf Mangel und Selbstbewahrung fixiert ist, sondern sich vertrauensvoll an das Leben hingibt – mit allen Riskanzen und Gefährdungen, wie das Leben Jesu zeigt. Die Makarismen der Bergpredigt laden in diesem Sinn in den Lebensraum der *Basileia* Gottes ein. Sie preisen diejenigen selig, die hungern und dürsten nach Gerechtigkeit, die barmherzig und sanftmü-

---

54 A.a.O., 317.
55 A.a.O., 319.
56 A.a.O., 320.
57 Vgl. a.a.O., 322.
58 *Oswald Bayer*, Zugesagte Gegenwart, Tübingen 2007, 9.

tig sind, die Frieden stiften und die Leidenden aufrichten und trösten. Denn glücklich ist nur der, der sich vorbehaltlos an dieses Leben hingibt und sich seinem Schmerz und seinen Herausforderungen stellt. Nur wer gibt, empfängt. Nur der Mensch, der das Leben anderer fördert, der aufmerksam mit seinen Mitmenschen umgeht, sich mit ihnen freut und mit ihnen leidet, wird die Fülle des Lebens erfahren.

3. Umgang mit der Endlichkeit: die eschatologische Perspektive

Es fällt Menschen der Gegenwart durch die hochgetriebene Individualisierung schwerer denn je, ihre eigene Endlichkeit zu akzeptieren. Der individualisierte Mensch, der letztlich keine andere Sinninstanz als sich selbst mehr kennt, kann seine Endlichkeit nicht denken. Er strebt nach immer mehr Erfüllung, nach immer aufregenderen Erlebnissen, um sich selbst zu verwirklichen und seine Endlichkeit zu vergessen. Versteht sich der Mensch nicht nur als rein immanente Existenz, sondern als Geschöpf, das auf den Schöpfer bezogen ist, fällt es leichter, die eigene Endlichkeit und Fragmenthaftigkeit zu akzeptieren. Dietrich Bonhoeffer formuliert: »Wo [...] erkannt wird, daß die Macht des Todes gebrochen ist, wo das Wunder der Auferstehung und des neuen Lebens mitten in die Todeswelt hineinleuchtet, dort verlangt man vom Leben keine Ewigkeiten, dort nimmt man vom Leben, was es gibt, nicht Alles oder Nichts, sondern Gutes und Böses, Wichtiges und Unwichtiges, Freude und Schmerz; dort hält man das Leben nicht krampfhaft fest, aber man wirft es auch nicht leichtsinnig fort, dort begnügt man sich mit der bemessenen Zeit und spricht nicht irdischen Dingen Ewigkeit zu«.[59]

Die Hoffnung des Glaubens auf ein ewig gültiges Leben in Gott verhilft dazu, das Leben in seiner Zwiespältigkeit und damit auch in seiner Endlichkeit und seinem Schmerz, die zu ihm gehören, zu bejahen und in dieser Welt zu leben, ohne alles von ihr zu erwarten und sie im Hinblick auf die eigene Sinn- und Glückserfüllung grenzenlos auszubeuten. Gerade auf dem Hintergrund solcher Bejahung ist es möglich, hartnäckig, liebevoll und geduldig an ihrer Veränderung zu arbeiten und nicht zuletzt auch ihre beglückenden Seiten wahrzunehmen.

Ein Leben in der Hoffnung des Glaubens ist ein Leben, das in die Dankbarkeit führt. »Es fällt auf, dass die Glücksratgeber sich über das Thema Dankbarkeit ausschweigen.«[60] Dankbarkeit ist ein ganz elementarer Bestandteil christlicher Lebenskunst. Sie bringt zum Ausdruck, dass der Mensch keinen Grund hat, sich das Glück seines Lebens, so er es denn erfährt, selbst zuzuschreiben. Sie sensibilisiert für die Unwahrscheinlichkeit des Gelingens, des Guten, der Gesundheit,

---

[59] *Dietrich Bonhoeffer*, Ethik (DBW 6), München 1992, 79.
[60] *Hinrichs*, Vom Glück, 30.

der Liebe. Dankbarkeit macht Erfahrungen der Vergangenheit zum kostbaren Geschenk und weist über die Gegenwart und das eigene, begrenzte Leben hinaus.

III Konsequenzen für die kirchliche Praxis

1. Die Seelsorge und der Rat

Die Seelsorge hat mit der Seelsorgebewegung und der Pastoralpsychologie die Anpassung an die Beratungsgesellschaft längst vollzogen. Zugleich lehrt uns die Pastoralpsychologie äußerste Zurückhaltung im Hinblick auf das Erteilen eines Rates in der Seelsorge. Sie hat viel Sensibilität dafür entwickelt, wie prekär und autoritär das Ratgeben sein kann, und sich dementsprechend lange Zeit fast ausschließlich auf Empathie, Zuhören und das Spiegeln des Gehörten beschränkt. Sie hat dabei den schweigenden Seelsorgeexperten ungewollt zu einer sehr mächtigen Person gemacht. In den letzten Jahren deutet sich hier eine vorsichtige Selbstkorrektur an, die dem Bedürfnis der Menschen Rechnung trägt, in der Seelsorge eine Kommunikation auf Augenhöhe zu führen, eine Kommunikation, in der die Seelsorgerin kenntlich wird – sowohl als religiöse Figur als auch als Mensch – und in der Impulse für einen Schritt aus der Sackgasse erwartet werden können.

In inspirierender Weise hat Timm Lohse diesen Ansatz einer systemisch orientierten und praxisnahen Seelsorge als Kurzgespräch zwischen Tür und Angel entwickelt. Lohse nimmt Abschied von einer Seelsorge, die psychische Defizite und Fehlentwicklungen diagnostiziert, um sie therapieren zu können. Er konzentriert die Seelsorge vielmehr auf die Gegenwart und den Handlungsspielraum, den es in ihr gemeinsam zu erkunden und zu entdecken gilt. »Im Kurzgespräch begegnen sich zwei Menschen entsprechend ihrer individuellen einzigartigen Begabungen, Fähigkeiten und Ressourcen: sie stellen sich Fragen und suchen Antworten; sie versuchen, sich zu verstehen und erkennen Unterschiede; sie geraten an Grenzen und Ausweglosigkeiten und erleben den Reiz kreativer Lösungen.«[61] Mit vielen klugen kommunikativen Impulsen und Ideen zeigt Lohse, wie hilfreich und orientierend – und gleichzeitig nicht-autoritär – eine solche Seelsorge wirken kann.

Auch Wilfried Engemann stellt die Seelsorge in den Kontext der Lebensdienlichkeit des Evangeliums. Er macht das philosophische Lebenskunstkonzept für die Poimenik stark. »Lebenskunst ist die Kunst, unter vorgegebenen Bedingungen ein nicht-vorgegebenes Leben zu

---

61 *Timm Lohse*, Das Kurzgespräch in Seelsorge und Beratung. Eine methodische Anleitung, Göttingen ³2005, 35.

führen [...]. Die Ausübung dieser Kunst ist mit einem intensiven Erleben der Gegenwart verbunden und ermöglicht ein Leben aus Leidenschaft.«[62] Sosehr dem ersten Satz zuzustimmen ist, so problematisch ist der zweite, mit dem Engemann in gefährliche Nähe zu den Glücksratgebern rückt, vermittelt er doch implizit eine Abwertung von Normalität und suggeriert er zugleich, dass es möglich ist, über Willenskraft ein Leben der Leidenschaft und der intensiven Gefühle dauerhaft zu praktizieren. Auch dass Engemann die seelsorgerliche Lebenskunst als »Handwerk der Freiheit«[63] bezeichnet, lässt fragen, ob er die Steuerungsmöglichkeiten im Hinblick auf das eigene Leben nicht tendenziell überschätzt und die Komplexität der menschlichen Psyche unterschätzt. Doch halte ich Engemanns Impuls für wichtig, mit den Menschen in der Seelsorge in einer Weise zu reden, dass ihre Freiheit im Sinne Schleiermachers gefördert wird und sie angeregt werden, sich von ihren Wünschen nicht versklaven zu lassen, sondern sie zu bewerten und dadurch mehr Autonomie gegenüber Moden und Märkten zu gewinnen.

Die beiden Beispiele zeigen, dass Seelsorge in der Beratungsgesellschaft nicht auf Beratung verzichten kann, dass sie aber zugleich eine hoch riskante Angelegenheit ist und bei aller Lebenshilfe der Unverfügbarkeit menschlichen Lebens und menschlichen Glücks Rechnung zu tragen hat. Wichtig scheint mir dabei zu sein, dass Seelsorge nicht auf ein bestimmtes Ziel fixiert ist. Menschen erwarten von Seelsorge einen Freiraum, in dem sie wohlwollende Unterstützung erfahren. Die vertraglichen Verhältnisse liegen deshalb anders als bei der Beratung. In der Seelsorge »muss nichts erreicht werden, es muss nichts verändert werden, man muss nicht an Problemen arbeiten. Seelsorge stellt Zeit zur Verfügung [...]. Man darf sein. Der Raum des Möglichen ist unabsehbar groß und wird nur eingeschränkt durch Takt, Würdigung und Religion.«[64] In dieser Offenheit liegt nicht die Schwäche, sondern die Stärke der Seelsorge. Die Seelsorgerin muss keine Lösungen anbieten, sondern kann das Nichtwissen, den Zweifel, die Vieldeutigkeit aushalten. Das Unerklärliche, ambivalent Bleibende wird nicht als Ende möglicher Kommunikation, sondern als Kommunikationsangebot betrachtet, das auch im Schweigen oder in einer nonverbalen Geste der Zuwendung bestehen kann.

Dass ich mich in der Seelsorge nicht verändern muss, kann eine enorme Entlastung in einer Gesellschaft sein, die mir die ständige Arbeit an mir selbst abverlangt und mich kontinuierlich mit dem Imperativ der Selbstoptimierung und -steigerung konfrontiert. Je mehr Willenskraft

---

[62] *Wilfried Engemann*, Handbuch der Seelsorge. Grundlagen und Profile, Leipzig 2007, 311.
[63] A.a.O., 312.
[64] *Günther Emlein*, Die Eigenheiten der Seelsorge. Systemtheoretische Überlegungen, in: Familiendynamik 31, 2006, 216–239: 234.

wir für uns selbst benötigen, umso erschöpfter sind wir. Höre ich auf, mich angestrengt an mir selbst abzuarbeiten, bleibt viel mehr Zeit und Kraft für das gesellige und beglückende Zusammensein mit anderen Menschen – und hat es das Augenblicksglück deutlich leichter, seinen Weg zu mir zu finden.

2. Der Gottesdienst und das Glück

Martin Luther hat immer wieder betont, wie wichtig es vor allem in Melancholie und Depression ist, die Einsamkeit zu fliehen und die Gemeinschaft von anderen Menschen zu suchen. Dabei dachte er an die gesellige Gemeinschaft, an Essen und Trinken, aber auch an die Gemeinschaft mit Christinnen und Christen, die für mich beten, mit denen ich zusammen das Wort Gottes hören und mit denen ich gemeinsam singen kann – für Luther war die Musik ein vorzügliches *Remedium,* um den Teufel zu verjagen und wieder fröhlich zu werden. All diese Kommunikationsvollzüge kennzeichnen den Gottesdienst. Der Gottesdienst ist deshalb die selbstverständliche Mitte christlichen Lebens. Die Gottesdienstfeier am Sonntag dient der »seelischen Erhebung«[65], indem sie den Alltag unterbricht und ihn zugleich im Horizont christlichen Glaubens reflektiert. Dadurch schafft die Gottesdienstfeier Distanz zu den bisweilen absolutistisch wirkenden Ansprüchen und Zwängen des Alltags und ermöglicht zugleich eine heilsame Selbstdistanz. Die Verkündigung in der Predigt, die gemeinsame Feier des Abendmahls, das Singen der Lieder und das gemeinsame Beten erinnern auf vielfältige Weise daran, was wirklich zählt und trägt im Leben und im Sterben, und relativieren die Alltagserwartungen.

Nun ist es erkennbar so, dass sich der protestantische Gottesdienst mit der Reflexion und Feier der erfreulichen und gelingenden Seiten des Lebens und Glaubens weit schwerer tut als mit den unerfreulichen, dunklen und misslingenden Seiten des Lebens. Soll der Gottesdienst aber sonntägliche Feier der Auferstehung sein, darf er sich nicht darauf beschränken, Leid und Sünde zu thematisieren, dann muss auch deren österliche Aufhebung zum Ausdruck kommen, dann sollte ein Gottesdienst auch als *Kontrast zum Alltag,* als Inszenierung des Reiches Gottes erfahren werden können.[66] Immerhin hat sich im Hinblick auf das Abendmahl diesbezüglich in den letzten Jahren einiges getan. Man hat hier und da vorsichtig versucht, der Abendmahlsfeier den beklemmenden Charakter eines »Armsündermahls« zu nehmen und die Doxologie deutlicher in den Vordergrund zu rücken. Aber insgesamt haben unsere

---

[65] Vgl. Artikel 139 der Weimarer Reichsverfassung im Zusammenhang des Sonntagsschutzes.
[66] Vgl. dazu schon *Ernst Lange,* Was nützt uns der Gottesdienst?, in: *ders.,* Predigen als Beruf. Aufsätze zu Homiletik, Liturgie und Pfarramt, hg. von *Rüdiger Schloz,* München ²1987, 83–95: 86f.

Gottesdienste sichtlich Mühe, nicht nur dem Gekreuzigten, sondern auch dem Auferstandenen und dem Lob Gottes Raum zu geben. Das betrifft die Lieder, die Gebete, die Predigt, das Abendmahl. Am ehesten scheint sich noch bei der Taufe die Freude am Leben und die Dankbarkeit für die Schöpfung Bahn zu brechen.
Nun hat diese Tendenz zur Düsternis auch gewisse sachliche Gründe: Das Kreuz ist unter spätmodernen Verstehensbedingungen leichter zu plausibilisieren als die Auferstehung. Überdies hat die Kirche traditionell ein gespreiztes Verhältnis zum Glück. Es ist eine große Herausforderung für die gegenwärtige Gottesdienstpraxis, dieses zu überdenken und das gelingende christliche Leben, das Leben, dem die Gnade des Augenblicks widerfährt, die Gnade der Selbstakzeptanz und der verschwenderischen Liebe zur Welt, deutlicher wahrzunehmen und zu würdigen. Die Kirche sollte eine »Kirche in der Kraft des Geistes«[67] sein – und nicht eine Kirche der Ängstlichkeit und der Melancholie. Dazu gehört auch anzuerkennen, dass in den Kirchenbänken nicht nur Gescheiterte und Depressionsgeplagte sitzen, sondern auch Menschen, die sich darüber freuen, dass ihnen in der letzten Woche etwas gelungen ist, dass sich eine neue Perspektive für sie aufgetan hat, dass ihre Partner oder Kinder ihnen von Herzen zugetan sind, dass gute Mächte sie begleitet und geleitet haben.
Glückliche Umgebungen haben ebenso wie deprimierende Umgebungen ansteckenden Charakter. Ich schließe deshalb mit einem Ratschlag Schleiermachers im Hinblick auf den Gottesdienst. Schon zu seiner Zeit hat man der Gottesdienstgemeinde Unglauben und Unfähigkeit unterstellt. Schleiermacher antwortet auf den Einwand, dass er das zu wenig berücksichtige: »Vielleicht kommt die Sache auch dadurch wieder zustande, dass man sie voraussetzt.«[68] Nur wenn der österliche Glaube, das gelingende christliche Leben, die Fülle, die Gott schenkt, überzeugend gepredigt, besungen und gefeiert werden, können sie sich ausbreiten und uns in ihren Bann ziehen.

---

[67] Vgl. *Jürgen Moltmann*, Kirche in der Kraft des Geistes. Ein Beitrag zur messianischen Ekklesiologie, München 1975.
[68] *Friedrich Schleiermacher*, Predigten, Bd. 1, Neue Ausgabe, SW II, 1, Berlin 1834, 10f.

Thomas Naumann

Glück in der Bibel – einige Aspekte

Vor einigen Wochen erhielt ich eine Anfrage für eine Pfarrerfortbildung. Auf der Suche nach einem möglichen Thema brachte ich das Thema »Glück und glücklich leben« ins Spiel und erntete erst einmal Staunen und Kopfschütteln. Das sei nun nicht gerade ein theologisch bedeutsames Thema. Hätte ich nicht etwas theologisch Substantielleres zu bieten? Hinter diesem Befremden stehen zwei elementare Traditionen: einmal die eingefleischte Haltung einer »politischen Theologie«, der das Glück so etwas wie der egoistische Weg eigener Bedürfnisbefriedigung zu sein scheint und damit im Kern a-sozial ist. Es sei nicht Aufgabe der Christen, glücklich zu sein oder nach Glück zu streben. Zum anderen die Jenseitsorientierung, wonach die Christen nicht nach irdischem Glück, sondern nach ewiger Seligkeit zu streben haben. Es ist diese seit Augustinus im westlichen Christentum tief etablierte Vorstellung, dass Glück in dieser Welt nicht zu haben, aber als Heil und Seligkeit in der jenseitigen Welt zu erwarten sei. Tief suspekt sei überdies der gegenwärtige Glücksboom in der Ratgeberliteratur mit ihren Glücksversprechen: »Glück ist machbar, Herr Nachbar!«. So wirbt etwa ein gegenwärtiger Glücksratgeber damit, die »Powerstrategie für dauerhaft gute Gefühle« anzubieten. Darauf sollte sich die Theologie doch wirklich nicht einlassen, sondern ihre Sache zur Geltung bringen.
Eine solche Haltung kann sich durchaus auch auf biblische Befunde stützen. Denn während die antike Philosophie sich über weite Strecken als Einweisung in das gute Leben versteht und diese unter dem Begriff der *eudämonia* fasst, begegnet dieser Begriff im Neuen Testament nicht ein einziges Mal: »Die ersten Christen identifizieren das, was sie an lebensfördernder und erfüllender Kraft aus dem Wirken Jesu empfingen, nicht mit dem, was die große Tradition der antiken Kultur als eudaimonia bezeichnet.«[1] Aber auch die Septuaginta verwendet den Begriff nicht. Diese großartige Übertragung der heiligen Schriften in die Sprachgestalt des Hellenismus nutzt an keiner Stelle dasjenige Wort, das in der Antike üblicherweise das Glück bezeichnet. Die Gründe für diese frühjüdische Skepsis gegen den Begriff, die das frühe Christentum offenbar teilt, sind nicht leicht auszumachen: Sie liegen

---

1 *Jörg Lauster*, Gott und das Glück, Gütersloh 2004, 18.

vielleicht in der religiösen Überhöhung mancher eudämonia-Konzeptionen, die den Weg zum Glück als einen Weg zunehmender Vergöttlichung des Menschen sehen (so bei Seneca). Denn *eudämonia* bedeutet im Wortsinn, in seinem Leben einem guten Dämon zu folgen. Vielleicht liegt es auch am Autonomie- oder Autarkie-Konzept hinter dem eudämonia-Gedanken, dass der Begriff nicht genutzt wird.

Sollte man daraus folgern, die biblischen Schriften interessierten sich nicht für das Glück? Das wäre viel zu »kurz gesprungen«, denn das gute und erfüllte Leben spielt in vielen Texten eine zentrale Rolle. Und zwar nicht nur in alttestamentlichen Texten und der dezidierten Diesseitigkeit ihrer Lebens- und Glaubensentwürfe, sondern auch im Neuen Testament. Man muss das Thema aber außerhalb der griechisch etablierten eudämonia-Begrifflichkeit aufsuchen. Also etwa in den Begriffsfeldern des Guten, des Segens, der Seligpreisungen und anderen Formen der Glückssprache, der Dankbarkeit und des Lebensgewinns. Die Frage muss daher lauten: Auf welche Weise reden biblische Texte von einem guten und erfüllten Leben? Manche Texte entwerfen geradezu eine Theorie des geglückten Lebens, andere erzählen von den Erfahrungen gelungenen Lebens und nutzen dafür verschiedene Begriffe und Metaphern.[2] Angesichts der Vielfalt unterschiedlicher Traditionen kann davon in einem Vortrag natürlich nur sehr exemplarisch die Rede sein.[3] Es reicht jedenfalls nicht aus, allein von den Begriffen auszugehen. Dennauch das deutsche Wort Glück ist ja keineswegs leicht zu definieren. In der mittelhochdeutschen Frühform unseres Wortes Glück schwingt der Aspekt des bestimmten Geschicks mit, etwas, das durch göttliche Bestimmung einem Menschen zukommen kann.[4] Und der gegenwärtige Gebrauch des Wortes Glück ist definitorisch kaum zu bändigen. In einem religionswissenschaftlichen Lexikon unserer Tage wird Glück so definiert:

---

[2] Das Hebräische Wörterbuch von Gesenius-Buhl zählt 13 Begriffe auf, die mit Glück übersetzt werden können. Weitere Vorschläge bei *Bernhard Lang*, Religion und menschliche Glückserfahrung. Zur alttestamentlichen Theorie des Glücks, in: *A. Bellebaum* (Hg.) Vom guten Leben. Glücksvorstellungen in den Hochkulturen, Berlin 1994, 59–113, 101 Anm. 1.

[3] Gleichwohl sind exegetische Arbeiten, die sich mit dem Thema »Glück« auseinandersetzen, abgesehen von der Kohelet-Forschung (s.u.) selten, ganz im Gegensatz zu Themen wie Segen, Frieden, Fülle, Genüge, Dankbarkeit, Heil usw., was sicher mit der begrifflichen Unschärfe des Wortes Glück zu tun hat. In der »Anthropologie des Alten Testaments« von *Hans Walter Wolff* (München, 1973 u.ö.) begegnet »Glück« nicht einmal im Sachregister. Vgl. aber *Lang*, Religion und menschliche Glückserfahrung. An ein breiteres Publikum wendet sich der Sammelband von *Luzia Sutter Rehmann / Ursula Rapp / Ulrike Metternich* (Hg.), Zum Leuchten bringen. Biblische Texte vom Glück, Gütersloh 2006.

[4] *Friedrich Kluge*, Etymologisches Wörterbuch der deutschen Sprache, bearb. von Elmar Seebold, Berlin u.a. ^{24}2002, 362.

Glück in der Bibel – einige Aspekte　　　　　　　　　　　　　　　71

Glück ist ein mit »positiven Emotionen ausgezeichneter Zustand des guten und erfüllten Lebens. (…) Als G(lück) kann z.b. die Erfahrung eines erfüllten Augenblicks, die tätige, ethisch motivierte Selbstbestimmung, konzentrativ-meditative Wunschlosigkeit oder die Verbundenheit mit einer Heilsgemeinschaft verstanden werden.«[5] Schon an dieser gewiss rudimentären Definition zeigt sich, dass Glück sowohl als gegenwärtige dauerhafte Erfahrung des guten Lebens verstanden werden kann, aber auch als Augenblicksglück eine erfüllte Gegenwart beschreibt. Es kann den selbstbestimmten Weg hin zu einem Guten bezeichnen, das noch aussteht, andererseits kann das Eingebundensein in eine Gemeinschaft als Glück erfahren werden. Religionsgemeinschaften verbinden mit diesem Vergemeinschaftungsaspekt zudem Heil und Heilsvergewisserung, also die Teilhabe an einem transzendenten Sinn- und Symbolsystem als Geborgenheit in der Welt. Wenn ich jetzt auf die biblische Überlieferung zu sprechen komme, möchte ich zunächst zusammenfassend einige Strukturlinien nennen, die m.E. verallgemeinerbar sind und die helfen können, die Einzelphänomene in einem größeren Rahmen zu verstehen.

1. Wie in anderen antiken Religionen wird auch in den biblischen Schriften das gute Leben stets an Gott gebunden. Das gute Leben ist keine Folge autonomer Selbstbestimmung, vielmehr wird der Lebensgewinn als göttliche Gabe verstanden. Auf diesen Gabecharakter des geschenkten guten Lebens reagieren die Menschen mit Dankbarkeit, Ehrfurcht und Lobpreis gegenüber Gott, und sie lassen ihre Lebensentwürfe hiervon bestimmen. Der Gabecharakter des guten Lebens enthüllt, dass Glück von Voraussetzungen lebt, die sich Menschen nicht selbst schaffen können. Glück ist der menschlichen Verfügbarkeit entzogen. Es liegt im Ratschluss der Götter. Zwar können Menschen das Glück nicht einfach herstellen, aber sie können eine Menge dafür tun, dass es sich einstellt, indem sie die Gottesgemeinschaft suchen und entsprechend leben, aber auch, indem sie ihre Haltung auf die Dinge des Lebens so verändern, dass sie den göttlichen Gabecharakter des Lebens entdecken. Die Entdeckung des Gottesbezugs verändert die Erfahrung des Guten, strukturiert sie um und lässt die Dinge in einem anderen Licht erscheinen. Mit Bernhard Lang kann man sagen: »erst die Entdeckung der Gottesnähe als Voraussetzung und Hintergrund von Zufriedenheit verwandelt letztere in Glück.«[6] In dieser Hinsicht ist die reiche internationale Weisheitstradition in Ägypten, Babylon und nicht zuletzt in Israel als Aufklärungs- und Einweisungsliteratur in das gute Leben zu verstehen. Die kollektive Seite dieses Gabecharakters wird theologisch prägnant sichtbar in der Erwählung Israels,

---

5　*Jens Schlieter*, Art. Glück, in: *Ch. Auffahrt / H.-G. Kippenberg / A. Michaels* (Hg.), Wörterbuch der Religionen, Stuttgart 2006, 185.
6　*Lang*, Religion und menschliche Glückserfahrung, 61.

die als zuvorkommende Gabe Gottes geglaubt wird und eine Antwort auf der Ebene konkret gelebten Lebens erfordert.

2. In den alttestamentlichen Schriften wird Glück diesseitig erfahren. Zu den Vorstellungen vom guten Leben gehören u.a. genügend Nahrung und die Dinge des täglichen Bedarfs, Gesundheit und Wohlergehen (Schalom), nicht als Last empfundene Arbeit, auskömmliche Beziehungen in den Familien und Sippen, viele Kinder, damit der Name der Familie fortlebt nach dem Tod; ein langes Leben, damit man sich hochbetagt und lebenssatt zu seinen Vätern versammeln kann; die Freude des Festes und der schöne Tag, die Fülle des Segens, Reichtum und die Freigiebigkeit gegenüber Bedürftigen, die Geborgenheit in der Gemeinschaft der Lebenden und der Toten und die Geborgenheit in der Gottesbeziehung; Einsicht und Weisheit in die rechte Lebensführung. Diese und andere sind die Glücksgüter einer traditionalen Gemeinschaft, die ohne die Hoffnung auf ein jenseitiges Glück auskommt. Das Glück kann nur im Diesseits aufgefunden, nicht in ein Jenseits verschoben werden. All diese Glücksgüter werden aber nicht etwa als weltliche Glücksgüter abgewertet, sondern aufgewertet, weil diese Welt Gottes Welt ist. Sie verweisen auf den göttlichen Geber solcher Gaben. Und wer sie in seinem Leben erfährt, deutet sie als Ausdruck einer erfüllten Gottesbeziehung.

3. Die breit belegte Vorstellung eines Zusammenhangs von Tun und Ergehen sorgt für Lebensmut und ein Grundgefühl des Vertrauens in das Leben, dass sich Gutes im eigenen Leben auszahlt, dass sich gute und böse Tage in einer Lebensspanne insgesamt die Waage halten. Der Tun-Ergehen-Zusammenhang wäre missverstanden, wollte man daraus für denjenigen, der untadelig lebt, einen Anspruch auf Glück ableiten. Viel zu bewusst war die Fragilität des Lebens und die Unberechenbarkeit des guten Ergehens. Dennoch wird der Tun-Ergehen-Zusammenhang insgesamt als eine große Ermutigung aufgefasst, aktiv und zielgerichtet zu einem gelungenen Leben beizutragen. Die Einsicht, dass dieser Zusammenhang an den Kontingenzen des Lebens scheitert, ist alt und kein Einwand gegen das lebensförderliche Grundvertrauen, das er stiftet. Wo er scheitert wie bei Hiob, stärkt dies die Einsicht in die Freiheit und Unergründbarkeit Gottes einerseits und die Unverfügbarkeit des guten Lebens andererseits. Das wird bei Kohelet noch zu lernen sein. Anders als in vielen Glückskonzepten der Gegenwart müssen Negativerfahrungen nicht ausgeblendet oder umgelogen werden.

4. Diese drei Aspekte bestimmen die jüdische Tradition auch zur Zeit der neutestamentlichen Zeugen und finden sich auch in der Verkündigung Jesu wieder. Sie werden jedoch durch eine vierte Dimension erweitert, aber auch korrigiert, nämlich durch die apokalyptische Vorstellung der nahen bzw. anbrechenden Gottesherrschaft, in der die bisherige Welt unter dem Gericht Gottes gesehen wird. Damit wird ein neuer Bezugsrahmen für die Diskurse des guten Lebens sichtbar. Unter

dem Eindruck, in einer eschatologischen Endzeit zu leben, und durch die Begegnung mit dem Christus Jesus werden etablierte Einstellungen zum gelingenden Leben relativiert oder sogar negiert. Die Seligpreisungen Jesu zeigen eine markante Umwertung traditioneller Glückskonzepte. Andererseits findet sich in der Bergpredigt neben ethisch rigorosen Forderungen in dem »Sorget nicht für Euer Leben ...« der Zuspruch heiterer Gelassenheit, der aus dem weisheitlichen Grundgefühl einer grundsätzlichen Beheimatung in der Welt entspringt, nicht weil die Welt gut wäre, aber weil es Gottes Welt ist, in der seine Geschöpfe leben. In der Verkündigung Jesu durchdringen sich eine traditionelle, weisheitlich-schöpfungstheologische und eine apokalyptische Weltauffassung. Ging das nichtapokalyptische Judentum davon aus, dass der Schöpfergott seine Welt trotz aller Negativerfahrungen in einer Balance hält, so hofft apokalyptisches Denken auf eine endzeitliche Neuordnung der Welt, in der die Negativerfahrungen, die die Jetztzeit prägen, von Gott her überwunden werden. Mit diesem Denken ist, wie sich bei Paulus und in der Johannesoffenbarung vielfach zeigen lässt, auch eine andere Sicht des Glücks verbunden, nämlich die Auslagerung von Erfahrungen des gelingenden Lebens in eine Endzeit.

Nach diesen orientierenden Hinweisen möchte ich in einer Reihe locker aneinandergereihter Exkurse einige Aspekte näher in den Blick nehmen.

1 Die Glückssprache der »Seligpreisungen«

Der Psalter beginnt in Psalm 1[7] mit einer Glücklichpreisung:

aschrej ha isch – Glücklich der Mann (und die Frau),
die nicht nach den Machenschaften der Mächtigen gehen,
nicht auf dem Weg der Gottlosen stehen,
noch zwischen den Gewissenlosen sitzen,
sondern ihre Lust haben an der Weisung Adonajs,
die diese Weisung murmeln Tag und Nacht.
Wie Bäume werden sie sein – gepflanzt an Wasserläufen,
die ihre Frucht bringen zu ihrer Zeit,
und ihr Laub welkt nicht.
Was immer sie anfangen, es führt zum Ziel.

Wir betrachten zunächst die sprachliche Form dieser *aschrej*-Aussagen, die im Neuen Testament mit gr. *makarios* gebildet werden. Es ist kein Wunsch, der Glück künftig erwartet, sondern eine Gegen-

---

[7] Vgl. *Bernd Janowski*, Wie ein Baum an Wasserkanälen. Psalm 1 als Tor zum Psalter, in: *F. Hartenstein / M. Pietsch* (Hg.), »Sieben Augen auf einem Stein« (Sach 3,9). Studien zur Literatur des zweiten Tempels, FS Ina Willi-Plein, Neukirchen-Vluyn 2007, 121–140, wiederabgedruckt in: *ders.*, Die Welt als Schöpfung. Beiträge zur Theologie des Alten Testaments 4, Neukirchen-Vluyn 2008, 199–218.

wartsaussage. Es ist ein Zuruf, eine anredende und gratulierende Behauptung, die dem anderen Glück zuspricht und gönnt.[8] Zwar ist dieser Zuspruch mit einer bestimmten Lebensweise verknüpft, aber das Glück wird nicht als Ergebnis eines bestimmten Lebenswandels versprochen (wenn du das tust, dann bist glücklich), sondern fungiert eher als Voraussetzung dafür, dass dieser Lebenswandel gelingt. Sprachpragmatisch dienen solche Preisungen, die sich im Psalter, in der Weisheitsliteratur, aber auch in den Umweltkulturen vielfach finden, der Ermutigung und der Ermächtigung, sich auf einen bestimmten Weg des Lebens einzulassen. Die Glücklichpreisungen der Bibel sind genau von dieser emphatisch beschworenen Ermächtigungskraft gekennzeichnet. Sie preisen ihre Adressaten glücklich und wollen ihre Adressaten verändern und ermutigen, sich auf den Weg eines geglückten Lebens einzulassen. Man könnte mit Ursula Rapp etwas pathetisch sagen: Glücklichpreisungen rufen das Glück herbei und in die Welt. Sie fordern auf, eine neue Haltung zu den Dingen einzunehmen und diese unter dem Aspekt des geglückten Lebens zu sehen und sich so für neue Lebensmöglichkeiten zu öffnen.

Der hebräischen *aschrej*-Formel liegt wahrscheinlich ein Wortstamm in der Bedeutung »gehen, führen, leiten« zugrunde. Wird jemand glücklich gepriesen, wird nicht das Glück selbst definiert, sondern ein Weg anvisiert. Ein Weg, der den Menschen vorgegeben ist und offensteht, der sie leitet. Anders als etwa in Segenswünschen werden diese Glücklichpreisungen immer mit einem bestimmten Tun verbunden. Dieses Tun wird als menschliche Anwort der Treue gegenüber dem Geber des Lebens angesehen. Die Seligpreisungen der Psalmen geben Hinweise darauf, dass es sich auch um eine liturgische Formel aus dem Tempelgottesdienst handeln könnte, mit der Menschen glücklich gepriesen werden, wenn sie zum Zion kommen und ihre Zuflucht bei dem Gott Israels nehmen, auf die Elenden achten (Ps 41,2), Mitleid mit den Bedrängten haben (Spr 14,21), das Recht bewahren (Ps 106,39) und sich an der Tora orientieren (Ps 1).

Glücklichpreisungen bilden also nicht einfach glückliche Lebensverhältnisse ab, sondern fordern dazu auf, das Glück in einem bestimmten Lebenszusammenhang zu sehen und aufzusuchen. Das kann sogar so weit gehen, dass in paradoxer Weise der von Gott geprüfte Hiob (5,17) oder der um seines Glaubens willen verfolgte Bedrängte (4Makk 7,22) glücklich gepriesen werden. In dieser Linie sind auch die Seligpreisungen der Bergpredigt angesiedelt. Paradox sind sie darin, dass das konkrete Ergehen der Angesprochenen mit den allgemeinen Glückskonzepten des Wohlergehens nicht mehr kompatibel scheint. Nicht

---

8 Vgl. *Henri Cazelles*, Art. ʼašrēj, ThWAT I, 481–485; *Dieter Zeller*, Art. Seligpreisung, NBL III, 564f sowie *Ursula Rapp*, Das Glück in die Welt rufen. Die »Seligpreisungen« der Bibel als Glückssprache, in: *Rehmann / Rapp / Metternich*, Zum Leuchten bringen, 21–42.

paradox jedoch sind sie darin, dass das Glück dieser Seligpreisungen wie aller biblischen Seligpreisungen darin besteht, ein Leben an und aus der Quelle des Lebens zu führen. Dies sehen wir auch in Psalm 1. Daher nutzt auch Psalm 1 eine kreatürliche Metapher: Glücklich der ... wie ein Baum, gepflanzt an einer Quelle. Glück wird in dieser eindrucksvollen Metapher der Fruchtbarkeit und des Lebens nicht inhaltlich, sondern funktional bestimmt. Glücklich ist, wer aus dieser Quelle des Lebens lebt, wie die immergrünen und fruchttragenden Bäume, glücklich ist, wer Lebensmut, Lebensdank und Lebenskraft aus dieser Quelle gewinnt. Glück ist hier nicht die Erfahrung der Fülle des Augenblicks, sondern eine tragende Lebensgewissheit bleibender Gottesgegenwart, die immer schon da ist, die aber erfordert, sich suchend und achtsam der Quelle seines Lebens gewiss zu werden, dieser Kraft Raum zu geben. Dass das Glück der Gottesgegenwärtigkeit ethisch nicht ohne Folgen bleibt, macht Psalm 1 hinlänglich deutlich. Die Orientierung an der Tora schließt politische Entscheidungen und notwendige Polarisierungen und Abgrenzungen mit ein. Es wird klar gesagt, welche Lebenspraxis glücklich zu preisen ist und welche nicht. Im Hintergrund stehen auch die Glücksdebatten der Zeit, in der Mächtige sich des Glücks von politischer Macht und Sozialprestige rühmen. Darum, worin das Glück zu finden ist, wurde auch in biblischer Zeit gestritten.

So ist Psalm 1 insgesamt eine großartige Einleitung in das Psalmenbuch, das diejenigen glücklich preist, die in den Worten der Psalmen – dieser »Kathedrale aus Worten« (Bernd Janowski) – die Tora ihres Gottes vernehmen und in ihrem Leben an dieser Quelle bleiben. Wer sich durch diese Tora hindurchgemurmelt hat, endet wie das große Hallel am Ende des Psalters in Dankbarkeit und Lobpreis.

2 Das Glück und Unglück der Mütter

Biblische Geschichten wissen noch von einem anderen Glück, dem Glück der Geburt. Die Geburtsepisoden richten sich interessanterweise nicht nach dem göttlichen Verdikt aus der Paradiesgeschichte: »Unter Schmerzen sollst Du gebären« (Gen 3,24). Schon die Geburt Kains wird von Eva mit einem Jubelruf begrüßt (Gen 4,1). Und die vordem unfruchtbaren Frauen wie Hanna, Sara oder Elisabeth preisen das Glück der Geburt. Besonders eindrucksvoll heißt es bei Sara angesichts von Isaaks wunderbarer Geburt: »Ein jubelndes Lachen hat mir Gott bereitet. Jeder, der mich sieht, wird mir zulachen« (Gen 21,6), nicht wie es bei Martin Luther heißt: »... wird über mich lachen«. Isaak trägt dieses Glück Saras in seinem Namen – als eine lebendige Erinnerung an dieses Saras Kinderlosigkeit wunderbar wendende Gottesgeschenk.

Auch andere Mütter drücken das Glück der Geburt in den Namen ihrer Kinder aus: Im »Gebärwettstreit« zwischen Rahel und Lea, in den auch Silpa und Bilha einbezogen werden, werden jede Menge Glücksnamen vergeben: Gad, der erstgeborene Sohn der Silpa, heißt einfach »Glück«, über den zweitgeborenen Ascher (vgl. *aschrej*) entfährt es Lea: »Mir zum Glück! Denn die Frauen werden mich beglückwünschen« (Gen 30,13). Hier wird sehr deutlich, im Geburtsglück wird der Geschenkcharakter des Lebens sichtbar, auf den die Betroffenen mit Dankbarkeit und Freude reagieren. Und es geht um Sozialprestige. Wertschätzung durch andere wird als Glück erfahren. Und Lea hofft dadurch immer noch, dass sie so auch die Wertschätzung ihres Mannes gewinnen kann. Anders Rahel, die zwar die Liebe ihres Ehemanns hat, jedoch keine Kinder, was sie selbst extrem unglücklich macht und als Schande ansieht, d.h. in der Gemeinschaft als schwere Minderung an Wertschätzung empfindet (Gen 30,24).

Geburtsglück bietet eine Erfahrung der Fülle und des Beschenktwerdens. Es übersteigt alltägliche Erfahrungen des Guten durch die Dimension der Fülle und wird in aussichtslosen Situationen als Rettung erlebt. Aber es ist nicht auf Dauer gestellt. Es ist auch nicht gerecht verteilt oder verfügbar, trotz des verzweifelten Kampfes, den Lea führt. Und es ereignet sich für Mutter und Kind auf der Grenze zwischen Leben und Tod, wenn wir daran denken, wie viele Kinder und wie viele Mütter in vormodernen Gesellschaften unter der Geburt gestorben sind und sterben. Die Unverfügbarkeit des Lebens als Geschenk und die Fragilität des Lebens auf der Grenze zum Tod steigern zweifellos die punktuelle Erfahrung des Glücks, gerade weil sie vom Schatten des Todes begleitet wird. So stirbt Rahel unter der Geburt Benjamins und gibt ihrem Kind mit dem letzten Atem der Sterbenden den Namen Ben-Oni (»Sohn meiner schwindenden Lebenskraft«), eine Namensgebung, die dann von Jakob in Benjamin korrigiert wird (Gen 35,18). Und wir wollen auch die namenlose Frau des Priesters Pinchas nicht vergessen, die auf die Nachricht vom Tod ihres Mannes und dem Verlust der Bundeslade in Wehen gerät und unter der Geburt stirbt, während das Kind am Leben bleibt und den Namen Ikabod –»verloren die Herrlichkeit Adonajs« bekommt (1 Sam 4,19–22).

3 Kohelet als Theoretiker des Glücks

Ratgeberliteratur ist kein Spezifikum unserer Gegenwart, bestenfalls die Vielfalt der Titel und die Höhe der Auflagen. Ratgeber, als Einweisung in das gute, erfüllte und gelingende Leben gibt es sowohl in der altorientalischen wie in der griechisch-römischen Welt. Im Orient übernehmen diese Aufgabe die weisheitlichen Lehrtraditionen, die in Familien, in Schulen und an Königshöfen gepflegt wurden und deren reife Früchte sich auch in der Bibel finden. Im Einflussgebiet des antiken Griechenlands ist die Einweisung in das gelingende Leben eine wichtige, vielleicht die wichtigste Aufgabe der Philosophie. In der biblischen Weisheitstradition wie etwa dem Buch der Sprichwörter wird die Frage nach dem guten Leben stärker alltagspraktisch als theoretisch abgehandelt. Sucht man in biblischen Texten nach einem Denker des Glücks, dann landet man bei Kohelet. Aus dem Kanon der Septuaginta wäre noch an Jesus Sirach zu denken. Das Buch Kohelet[9] (Prediger Salomo) ist eine Weisheitsschrift, vermutlich aus der 1. Hälfte des 3. Jahrhunderts v.Chr., vermutlich in Palästina entstanden. Welcher weise Lehrer sich hinter Kohelet (Versammlungsleiter) verbirgt, wissen wir nicht. Die Schrift richtet sich dezidiert an junge Männer. Ihnen trägt Kohelet die Kunst der rechten Lebensführung vor, die er inmitten der breiten Eudämonismus-Debatte seiner Zeit ansiedelt. Es geht darum, »was ist gut für die Menschen, was sie tun sollen unter dem Himmel, solange sie leben« (2,3). Es geht also nicht um das flüchtige Augenblicksglück der Fülle und des Überschusses, sondern um einen Weg, der auf Dauer und Wiederholbarkeit angelegt ist. Dabei ist Kohelet ein ehrlicher Beobachter des menschlichen Lebens. Er prüft kritisch etablierte Antworten der Tradition im Spiegel seiner eigenen Erfahrungen, und er macht auch vor religiösen Gewissheiten nicht halt. Wie alle Weisheit jedoch bindet auch Kohelet seine Vorstellung vom menschlichen Glück an die Erfahrung Gottes, den transzendenten Grund der Welt. Denn eines ist ihm ganz gewiss: »nicht im Menschen liegt das Glück« (2,4). Seine Gedanken trägt Kohelet zunächst in einer fulminanten Maskerade vor. Er schlüpft in die Rolle Salomos, des weisesten der weisen Könige in Jerusalem, und gibt einen Rückblick auf ein langes, von vielen Irrtümern geprägtes Leben. Dieses Leben ist ein einziger Selbstversuch auf der Suche nach Glück und Erkenntnis. Die Königsgestalt ist deshalb nötig, weil einem solchen Herrscher alle Ressourcen des Glücks, die materiellen wie die geistigen, offenstehen. Er unterliegt keinen Beschränkungen und kann daher aus dem Vollen schöpfen. Aber seine Lebensbilanz ist niederschmetternd: Alles, was er versucht hat, was er gesehen und getan hat, woran er sein Herz gehängt hat, steht unter dem eindrucksvollen Kehrvers: »flüchtig und Haschen nach Wind«. Es bringt keinen Gewinn. Eindrucksvoll wird die ganze Palette der Bemühungen aufgefahren, mit denen sich Menschen »während der

---

[9] Aus der reichen Forschungsliteratur zu Kohelet sei im Blick auf unsere Fragestellung vor allem verwiesen auf *Ludger Schwienhorst-Schönberger*, »Nicht im Menschen gründet das Glück« (Koh 2,24). Kohelet im Spannungsfeld jüdischer Weisheit und hellenistischer Philosophie, HBS 2, Freiburg ²1996; *ders.* (Hg.), Das Buch Kohelet. Studien zur Struktur, Geschichte, Rezeption und Theologie, BZAW 254, Berlin u.a. 1997; *Rüdiger Bartelmus*, Haben oder Sein – Anmerkungen zur Anthropologie des Buches Kohelet, in: BN 53, 1990, 38–67; *Tillmann Zimmer*, Zwischen Tod und Lebensglück. Eine Untersuchung zur Anthropologie Kohelets, BZAW 286, Berlin u.a. 1999.

wenigen Tage ihres Lebens« (2,3) ihr Glück verschaffen wollen. Als König hat Kohelet alles versucht. Er hat zunächst sein Glück in Bildung und Wissen gesucht und so die Einsicht in die Dinge des Lebens vergrößert. Dann warf er sich auf die Freuden des Lebensgenusses: Wein, Sänger und Sängerinnen, Feste, ein großer Harem. »Ich musste meinem Herzen keine einzige Freude versagen« (2,10), bekennt er. Endlich hat er Reichtum und Besitz angehäuft, nicht um ihn zu verprassen, sondern um damit Gutes zu tun. Als Baumeister vollbrachte er viele gute Taten für das Gemeinwohl und auch für sein Sozialprestige. Er strengt sich an, legt Parks und Gärten an, agiert weise und tut etwas in der Welt. Aber er merkt auch hier: Für den Betriebsamen bestehen seine Geschäfte »nur aus Ärger und Sorge. Und selbst in der Nacht kommt sein Geist nicht zur Ruhe. Auch das ist Windhauch.« (2,23) So endet der auf Reichtum, Wissen, Vergnügen und Sozialprestige angelegte Selbstversuch in Sachen Glück in Lebenshass und Verzweiflung: »Da hasste ich das Leben ...« (2,17).

Warum? Kohelet sucht ein Glück, das Bestand haben kann im Angesicht des Todes, des unerbittlichen Gleichmachers und Entwerters aller Dinge. Er sucht ein Glück, das bleibt. Und das findet sein König nicht. Und es ehrt Kohelet, dass sein König kein Zerrbild eines egoistischen und besinnungslosen Hedonismus bietet, sondern einen König zeigt, der voller gestalterischer Kraft, mit Freude und Anstrengung etwas Gutes bewirken will. Er scheitert nicht daran, dass er seine Glücksideen nicht verwirklichen kann. Er scheitert daran, dass er sie verwirklicht und dann enttäuscht feststellen muss: Es bringt keinen Gewinn. Er desillusioniert dabei nicht nur weltliche Glücksgüter, von denen sich Christen immer leicht distanzieren. Er desillusioniert auch die frommen Anstrengungen, die Erfüllung der Tora, den Einsatz für ein gottgefälliges Leben, auch die Werke der Barmherzigkeit, die wir ohne weiteres als richtige Lebensziele zu sehen gewohnt sind.

Wie sind diese Aussagen zu verstehen, die Martin Luther mit seinem berühmten »eitel und Haschen nach Wind« verdeutlicht hat? Hebr. *häwäl* ist kein Begriff der Eitelkeit oder der Nichtigkeit, sondern der Flüchtigkeit und Vergänglichkeit. Kohelet stellt nüchtern fest, dass alles, mit dem der Mensch zu tun hat, vergänglich und nicht festzuhalten ist. Erst in der Übersetzungs- und Auslegungstradition ist daraus eine »larmoyante Klage über die Eitelkeit alles Irdischen« geworden.[10] Bei näherem Hinsehen diskreditieren diese Flüchtigkeitsaussagen nicht die beschriebenen Handlungen der Menschen an sich, die Kohelet jede für sich durchaus bejaht. Sie wollen vielmehr allein von der Illusion befreien, dass diese vielfältigen Aktivitäten etwas zum Lebensglück beitragen können. Auch der Erfolg all unserer Mühen kann zu unserem Glück nichts beitragen. Es ist die Überforderung der eigenen Lebens-

---

[10] *Bartelmus*, Haben oder Sein, 48.

ziele mit dem Anspruch, das Glück herstellen zu wollen, die Kohelet kritisiert. Er sieht: Vielen Menschen ist das Leben selbst nicht sinnvoll, sondern nur im Hinblick auf ein zu erreichendes Ziel. Sie lagern ihre Erwartungen an das Leben in die Zukunft aus und verlieren die Gegenwart konkret gelebten Lebens aus dem Blick. Den Menschen, die im Hamsterrad ihrer Lebensziele feststecken, sich bis zur Erschöpfung anstrengen, möchte Kohelet sagen: Dort werdet ihr das Glück und das gute Leben nicht finden. Das Glück ist kein Ziel des Strebens. Es ist nicht herstellbar, auch nicht durch fromme Anstrengung. Aber es kann sich einstellen, und auch dafür können Menschen etwas tun.

Was rät Kohelet? Zunächst weist Kohelet mit der eudämonistischen Debatte seiner Zeit das menschliche Streben nach Glück nicht ab. Menschen streben nach dem guten Leben, nach dem Anteil und dem Gewinn, den das Leben für sie bereithält. Aber angesichts der furchtbaren Grenze des Todes, der Zerbrechlichkeit und Unvorhersehbarkeit des eigenen Lebensgeschicks rät er zu einer ganz einfachen Handlung, zur Feier der Gegenwart, die sich besonders im Essen und Trinken ausspricht:

»Ich hatte erkannt: Es gibt kein in allem Tun gründendes Glück, es sei denn, ein jeder freut sich und so verschafft er sich Glück, während er noch lebt, wobei immer, wenn ein Mensch isst und trinkt und durch seine ganze Habe das Glück kennen lernt, lernt er, dass es ein Geschenk Gottes ist« (3,12–13;vgl. 5,17–19).

Etwas wenig, mag man denken: »Lasst uns essen und trinken, denn morgen sind wir tot.« Und hatte Kohelet in der Rolle des Königs nicht gerade Essen und Trinken als Glücksprojekte eines vulgären Hedonismus abgewiesen? Aber in der Tat durchzieht der Aufruf zur Freude, die aus dem Genuss der elementaren Lebensmittel kommt, die Lebenslehre Kohelets. Das tägliche Essen und Trinken ist ihm der leibliche Erfahrungsraum, in dem er das Leben als Gottesgeschenk erfahren kann, zwar nicht ein für alle Mal, sondern immer wieder. Das Leben ist mehr als die Vorbereitung auf den Tod (5,19). Im Genießen von Brot und Wein (9,7) ist Gott ganz gegenwärtig, weil der Mensch ganz gegenwärtig ist. Zur Freude wird die Erfahrung von Essen und Trinken, wenn in ihr das Glück der Gottesgegenwart im konkret gelebten Leben spürbar wird. Hier gilt es achtsam zu werden für das, was im alltäglichen und was im festlichen Essen geschieht: Ich lebe und darf leben von Grundlagen, die ich mir selber nicht verschaffen kann, sondern die ich annehmen darf. Es ist eine kreatürliche Freude, am Leben zu sein, ganz der geschenkten Gegenwart verhaftet – ohne Illusion darüber, dass das Leben vergeht, dass es neben guten auch schlechte und freudlose Tage gibt, auch ohne die Illusion darüber, dass solche Freude nicht gemacht oder auf Dauer gestellt werden kann, denn das Leben ist nicht berechenbar. Aber solche Freude kann sich einstellen, wenn man seine Haltung zu den Dingen verändert. Friedrich Nietzsche hätte vermutlich gehöhnt, dass Kohelet damit beim dumpfen Glück der

Kühe auf der Weide angekommen sei und seinem Begriff vom Glück jeden Zahn der Sehnsucht nach Fülle gezogen hat.[11] Aber Kohelet hätte diese Kritik weise lächelnd ertragen.

Essen und Trinken, Festgelage können die Zeichen einer verzweifelten Verdrängung der Flüchtigkeit des Lebens sein. Diese Erfahrung hat König Salomo gemacht. Sie hat ihn zum Hass auf das Leben geführt. Der gleiche Sachverhalt, Essen und Trinken, ist für Kohelet, den weisen Lehrer, ein Anlass zur Freude, weil er die Erfahrung der Flüchtigkeit der Dinge schon hinter sich hat. Die Freude, von der er spricht, ist nicht das Narkotikum, das über die Unvermeidbarkeit des Todes hinweghilft. Niemand kann sie durch eigene Anstrengung allein erreichen. Sie ist Gottes Geschenk (2,24). Aber die Menschen können sich für sie öffnen, wenn sie bereit sind, sich von den Glücksillusionen zu befreien. Die Freude, von der er angesichts von Essen und Trinken spricht, ist kein Narkotikum, sondern – wie es Ludger Schwienhorst-Schönberger – schön formuliert hat, der »Ausdruck eines sensitiven Erwachens.«[12] Die alltäglichen Gesten von Essen und Trinken sind Merkzeichen der Gegenwärtigkeit Gottes, des geschenkten Lebens. Diese Gegenwärtigkeit Gottes ist schöpfungstheologisch begründet. Sie teilt sich den Menschen an guten Tagen als eine kreatürliche Freude mit, die helfen kann, auch böse Tage und besonders das Leid des Alters gelassen zu bestehen. Kohelet weist mit der Mehrzahl der weisheitlichen Denker seiner Zeit den Glauben an ein Leben nach dem Tod ab. Dies wäre nur Flucht in eine gänzlich ungewisse Zukunft. Das gute Leben findet im Hier und Jetzt oder gar nicht statt, weil dieses von Gott geschaffene, vom Sterben bedrohte Leben Gottes Geschenk ist. Kohelet bleibt skeptisch sogar gegenüber der etablierten israelitischen Hoffnung, dass im Fortleben der Familie und des guten Namens ein bleibender Gewinn liegt (2,21). Über die Zukunft können Menschen nicht verfügen. Für Christinnen und Christen, die auf das Heil ewiger Seligkeit hoffen, ist die Stimme Kohelets eine bleibende Mahnung, die volle Diesseitigkeit der Gegenwärtigkeit Gottes nie aus dem Blick zu verlieren oder in eine unbestimmte Zukunft zu verschieben. Der Aufruf zur kreatürlichen Freude und zu dankbarem Genuss im Ton heiterer Gelassenheit, die sich bei Kohelet findet, erhält ein Echo auch in einigen späten Psalmen[13], die von der Gnade des täglichen Brotes wissen, und hallt wider in der Vaterunserbitte: »Unser tägliches Brot gib uns heute«.

---

[11] Zu Nietzsches Kritik an einem bedürfnisbefriedigten Wohlfühlglück, bei dem sich der Mensch behaglich in der Welt einrichtet, vgl. *Dieter Thomä*, Vom Glück in der Moderne, Frankfurt 2003, 169ff; *Jörg Lauster*, Gott und das Glück, 118f.
[12] Einleitung in das Buch Kohelet, in: *E. Zenger* (Hg.), Stuttgarter Altes Testament. Einheitsübersetzung mit Kommentar und Lexikon, Stuttgart 2004, 1261.
[13] Vgl. Ps 104; 145–147 und dazu *Reinhard G. Kratz*, Die Gnade des täglichen Brots. Späte Psalmen auf dem Weg zum Vaterunser, in: Zeitschrift für Theologie und Kirche 89, 1992, 1–40.

Wie aber geht Kohelet mit der bedrohten Welt um? Er ist keinesfalls ein Egoist, auch wenn er weiß, dass jeder Mensch allein vor seinem Tod steht. Er weiß, dass Freude sich mitteilen will und nach Gemeinschaft, auch nach dem Fest drängt, er weiß, dass einsame Menschen nur schwer Freude empfinden. Und er weiß auch, dass diejenigen im Hamsterrad des Glücksstrebens furchtbar einsam sind. Er weiß, wie stark die Welt im Argen liegt, dass Habsucht und grenzenlose Gier der Grund vieler Übel ist und dass es keinen Menschen gibt, der nicht schuldig wird. Seine Kritik ungerechter Herrschaft geht an Schärfe noch über das hinaus, was wir in den prophetischen Texten lesen (vgl. bes. Koh 4–6). Wem die tägliche Nahrung verwehrt wird, der kann nicht glücklich sein. Aber wenn wir unser Handeln von dem Zwang befreit haben, uns Glück herbeizuzwingen, dann können wir aus einer Freude leben, die es uns ermöglicht, auch tätig zu sein, weil jeder Mensch das Recht haben muss, in »Freude sein Brot zu essen und seinen Wein zu trinken.« (9,7)

Kohelet würde eine Ethik tätiger Nächsten- und Fernstenliebe aus der Freude begründen, die zu tatkräftigem, aber illusionslosem Handeln befähigt. Dabei ist bemerkenswert, dass in der späten Weisheitstradition das Gebot der Nächstenliebe nicht nur im Hinblick auf die *Nächsten*liebe, sondern auch im Blick auf die *Selbst*liebe reflektiert wird: »Wer sich selbst nichts gönnt ... wird seinem eigenen Glück nicht begegnen« heißt es bei Jesus Sirach (14,8, vgl. auch Koh 4,8). Der Geiz gegen sich selbst führt auch dazu, geizig gegen andere zu sein. So führt die Einsicht in das unvermeidliche Sterben nicht zu Trübsinn und Misstrauen, sondern zur Freude und zu einer heiteren Gegenwärtigkeit, in der das Streben stillgestellt wird.

4 Dankbarkeit als Haltung und Praxis des geglückten Lebens

Kohelet lädt ein zu einem veränderten Blick auf die Welt und auf das eigene Leben. Mit diesem Blick entsteht ein Wachheitsklima, eine Achtsamkeit für das Alltägliche. Denn im Alltäglichen zeigt sich das unverfügbare Wunder des eigenen Lebens als Geschenk. Und Dankbarkeit als Stimmung und Haltung stellt sich notwendig ein – als staunendes Gewährenlassen und heitere Gelassenheit. Der Dankbarkeit geht es um das Einzelne, das Konkrete, nicht nur um die großen Deutemuster. Was stumm war vor Alltäglichkeit wie etwa eine tägliche Mahlzeit, fängt an zu sprechen. Was im Selbstverständlichen verschüttet war, wird sichtbar. Dankbarkeit ist konsequente Aufmerksamkeit für das eigene Leben.[14] Und es gibt kein Leben, das nicht auch die

---

14 Zum Thema Dankbarkeit vgl. *Bernd Janowski*, Konfliktgespräche mit Gott. Eine Anthropologie der Psalmen, 3., um einen Anhang erweiterte Auflage, Neukirchen-Vluyn 2009, 295–305 und im Nachtrag 447. Zu Dankbarkeit in systemati-

Signatur des Geschenks trägt, nicht einmal dasjenige Hiobs. Aber es bedarf einer liebevollen Aufmerksamkeit für die Dinge des eigenen Lebens, die eingeübt werden kann. Die biblischen Psalmen sind voll von einer Kultur der Achtsamkeit und des Staunens über das Geschenk des eigenen Lebens. So heißt es in Psalm 139:

Adonaj du kennst mich und bist mir nahe,
Denn du hast mein Inneres geschaffen,
du hast mich gewoben im Schoß meiner Mutter,
Ich danke dir, dass du mich so wunderbar gestaltet hast.
Ich weiß: Staunenswert sind deine Werke.
Als ich geformt wurde im Dunkeln,
kunstvoll gewirkt in der Erde,
da waren meine Glieder dir nicht verborgen.
Deine Augen sahen, wie ich entstand,
in deinem Buch war alles schon verzeichnet.

Das Geheimnis seines eigenen Lebens, so macht sich der Beter hier klar, liegt darin, dass er es seinem Gott von Anfang an verdankt – und zwar als eine unverdiente Wohltat. Nicht seine Mutter, schon gar nicht er selbst, vielmehr hat Gott von allem Anfang an das Webmuster seines Lebens entworfen. Und der Beter stellt sich dies so konkret und in seiner ganzen Leiblichkeit vor: gewoben im Mutterschoß, die Mutter Erde, die Glieder geformt im Dunkeln. Und hinter und in allem – Gottes liebevolle Aufmerksamkeit. Seine Augen waren schon pränatal auf ihn gerichtet. Und die Summe und den Raum seiner Lebenstage hat Gott fürsorglich in das »Buch des Lebens« eingetragen, wo sie gut aufgehoben sind. Der Dank des Beters bleibt nicht beim Allgemeinen, er geht ins Einzelne. Er hebt die Dinge ins Licht, die alltäglich, gewohnt und selbstverständlich sind und daher oft unsichtbar und stumm bleiben. Aber da er den Scheinwerfer lebendigen Interesses auf sie richtet, fangen sie an zu sprechen, werden sie sichtbar. Das Alltägliche wird beredsam. Gott sei Dank! Ich darf leben! Wie staunenswert ist mein Leben! Der Dankbare rührt an das Wesen der Dinge, er wird zum Chronisten von Schönheit im Beiläufigen, im Unspektakulären. Er erkundet die einfachen Gesten. Er bleibt ganz im Augenblick und gibt damit auch sich und seinem Leben Würde.

Der hier spricht, kennt gewiss auch die anderen Seiten des Lebens, den täglichen Mangel, die drohenden Notlagen, die bange Frage »Wie lange noch?« und die Erfahrung, dass Gottes Hand schwer auf seinem Leben lastet. Aber all dies entwertet diesen ihn tragenden Lebensdank nicht. Er gibt der resignierten Betrachtung, die wie gebannt allein auf die Übel der Welt starrt, keinen Raum. Die Welt wird nicht in der Hal-

---

scher Perspektive und besonders in der Theologie Karl Barths vgl. das gehaltvolle Kapitel bei *Michael Trowitzsch*, Karl Barth Heute, Göttingen 2007, 421–459 (Die Grundbestimmung menschlichen Daseins. Der Dank).

tung der Abwehr wahrgenommen. Seine Dankbarkeit kennt kein »Aber«. Er kann sich das Leben ohne schlechtes Gewissen schenken lassen. Sein Lebensdank ist Hingabe und staunendes Empfangen.
Die hebräische Anthropologie bietet ein weiteres interessantes Beispiel der Verknüpfung von Alltagserfahrung und Lebensdankbarkeit. Das Leben als Gabe ist in jeder Sekunde wahrnehmbar am menschlichen Atem. Die zweite Schöpfungserzählung bringt das Geschenk des Atmens in das eindrucksvolle Bild, dass Gott den Menschen aus Erde formt und ihm dann den Atem des Lebens einhaucht, ihn also erst durch die geschenkte Fähigkeit zum Atmen zum lebendigen Wesen werden lässt (Gen 2,7). Martin Luther fand mit dem Wort Odem für diese erstmalige Beatmung durch Gott einen durch das Hebräische nicht gedeckten, besonderen Ausdruck, der gleichwohl ähnlich wie Atem klingt. Erst der göttliche Odem macht Menschen lebendig, atemfähig. Leben ist Atmen – diese menschliche Elementarerfahrung führt zu diesem Schöpfungsbild. Beim Atmen und in seiner Atemfähigkeit erfährt sich der Mensch als durch Gottes Güte verlebendigt. Das Instrument dieser Atemfähigkeit ist die Kehle[15] (hebr. *näfäsch*). Hier wird Atmen körperlich spürbar. Die Kehle ist damit der Ort dieser von Gott ermöglichten Lebensfähigkeit. Lebensminderung wird als Bedrohung der Atemwege verbildlicht: »Das Wasser steht mir bis an die Kehle« (Ps 69,2). Trost bei überstandenen Gefahren oder in Krankheitsnot wird im Bild des »wieder-aufatmen-könnens« sichtbar.[16] Und Lebensglück wird ins Bild einer Weitung dieser Atemfähigkeit gebracht. Wer aufatmen kann, gewinnt Luft und Weite. Die Kehle ist das Körperinstrument der Dankbarkeit: »Lobe den Herrn, meine Kehle« (Ps 103,2). Diese Übersetzung kommt uns eigenartig vor, weil uns die übliche Übersetzung mit »Seele« vertraut ist: »Lobe den Herrn, meine Seele.«[17] Aber mit dieser üblichen Übersetzung wird die Körperlichkeit dieser Geschenkerfahrung des Lebens unkenntlich gemacht und ebenso der Hinweis, dass wir in jedem Atemzug entdecken könnten, wenn wir es wollten, dass unser Leben ein Geschenk ist. Die lobende Kehle erwidert das Geschenk des göttlichen Odems – der Atemfähig-

---

[15] Zur näfäsch-Terminologie vgl. *Silvia Schroer / Thomas Staubli*, Die Körpersymbolik der Bibel, Darmstadt 1998, 61–74 (Von der Kehle zur Seele).
[16] Vgl. vor allem hebr. *nicham* – trösten, mit der Grundbedeutung: »zum Aufatmen bringen.« Allerdings ist der etymologische Zusammenhang mit arab. *nhm* – »heftig atmen« nicht völlig gesichert. Vgl. *Hans Joachim Stöbe*, Art. *nḥm* pi. Trösten, THAT II, 59–66. Die Einheitsübersetzung übersetzt die berühmte Stelle von Hiobs Sinneswandel in 42,6 sachgemäß: »Darum widerrufe ich und atme auf, in Staub und Asche«.
[17] An vielen Stellen wäre eine Übersetzung von hebr. näfäsch mit »Kehle« zu eng, weil der Begriff die grundlegende Lebenskraft einer Person bezeichnet und über ein einzelnes Organ hinausweist. An manchen Stellen ist eine Übersetzung mit Kehle aber hilfreich, weil sie zeigt, wo die Hebräerinnen den Sitz dieser Lebenskraft sahen.

keit. Auch darin merken wir, wie der Blick ins Alltägliche und Beiläufige, wenn es der Selbstverständlichkeit entrissen wird, z.B. das Atmen, zur Schule der Dankbarkeit wird. Hans Walter Wolff ist in seinem Buch über das Menschenbild des Alten Testaments der Frage nachgegangen, wozu der Mensch nach den alttestamentlichen Texten eigentlich bestimmt sei: Danach ist er bestimmt, dieses Geschenk des Lebens dankbar zu empfangen. Dieses Empfangen führt zum Für-Einander-Handeln in der menschlichen Gemeinschaft, zur weisen Nutzung der natürlichen Ressourcen[18] und zum Loben Gottes, dem sich dies alles verdankt, der sich in Bund und Erwählung seinem Volk zur Treue verpflichtet, als Nothelfer in den Gefährdungen des Lebens nahe bleibt und in seiner Tora umfassende Lebensorientierung bietet. Alle diese Themen finden sich vielfach ausgesprochen in den Psalmen, die Gerhard von Rad bekanntlich als »Antwort Israels« bezeichnet hat, als den Niederschlag eines Dialogs mit Gott, in dem Israel auf die Wohltaten seines Gottes reagiert und sich selbst und seine Würde als Beschenkte darin findet.

Am unmittelbarsten kommt dieses Gotteslob in den hymnischen Texten zum Ausdruck. In ihnen werden in immer neuen Wendungen die Werke Gottes besungen, anschaulich gemacht, verlebendigt. Die Würde des Menschen besteht darin, dass er als Beschenkter zu dieser Sprache der Dankbarkeit und der Freude findet: »Großer Gott, wir loben dich.« Der Jubel der da aufscheint, kommt nicht aus dem Vollgefühl der eigenen Kraft, wie eines Triumphators nach dem Sieg, sondern aus dem Bewusstsein, dass Gott dieses fragile und gefährdete Leben gewährt und dass dies nicht erzwungen, sondern nur dankbar hingenommen werden kann. Diese Fähigkeit zum Empfangen verändert die Beter, sie verleiht ihnen eine einzigartige Würde. Dankbarkeit verwandelt den Menschen, weil es die Perspektive verändert, mit der der Mensch auf sein Leben schaut. Das Leben ist kein anderes geworden, und doch erscheint alles anders, klarer, wahrer, deutlicher. »Dem Dankbaren wird alles zum Geschenk« notierte Dietrich Bonhoeffer einmal aus der Haft[19]. Dankbar-

---

[18] Bei *Hans Walter Wolff*, Anthropologie des Alten Testaments, München 1973, 205ff ist dieser Aspekt allerdings noch ökologisch unsensibel als reine Herrschaft des Menschen über die außermenschliche Schöpfung ausgeführt, was noch 1973 eine selbstverständliche, kaum hinterfragte Annahme war. Ein Umdenken in der alttestamentlichen Wissenschaft und in der Bewertung einzelner biblischer Texte findet sich dann bei *Gerhard Liedke*, Im Bauch des Fisches. Ökologische Theologie, Stuttgart 1979. Vgl. auch den Bericht *Gerhard Liedkes*, »Auch die Schöpfung wird befreit werden«. Eine Problemanzeige – 30 Jahre nach »Im Bauch des Fisches«, in: H. Bedford-Strohm (Hg.), Und Gott sah, dass es gut war. Schöpfung und Endlichkeit im Zeitalter der Klimakatastrophe, Neukirchen-Vluyn 2009, 34–40.
[19] *Dietrich Bonhoeffer*, Konspiration und Haft 1940–1945 (DBW 16), *J. Glenthøj / U. Kabitz / W. Krötke* (Hg.), Gütersloh 1996, 491.

keit ist nicht die knechtische Pflicht gegenüber einem Herrn, sondern ein Signum der Freiheit.
In der religiösen Praxis in Israel boten Rituale der Dankbarkeit die Möglichkeit, Gott zu loben; etwa in den Erntedankfesten als Spender von Nahrung und Segen oder in speziellen Dankfeiern nach überstandenen Gefahren, Krankheit oder persönlichen Notlagen, Dürren oder auch politischen Bedrohungen. Im Dank bleiben die Kinder Israels nicht allein, sondern feiern öffentlich mit der versammelten Gemeinde. Und sie drücken diesen Dank aus durch Opferfeiern (Toda-Feiern). Diese Opfer werden als Ausdruck der Gastfreundschaft verstanden, die dem anwesenden Gott gewährt wird. Gott wird eingeladen, segnend und bewahrend an dieser Feier, die aus Essen und Trinken und Loben besteht, teilzunehmen. Die Sprache, in der sich diese Dankbarkeit ausdrückt, sind die Gebetstexte, die am Heiligtum in Jerusalem verfasst und überliefert werden. Sie sind offenbar aus der konkreten Seelsorge erwachsen und bieten eine Sprache an, in der sich die Menschen mit ihrem Schmerz wie mit ihrer Dankbarkeit und Freude unterbringen konnten – so konkret, dass sie das eigene Leben erreicht, und so allgemein, dass sie vielen unterschiedlichen Personen Raum und Sprache gibt. Aus diesen Toda-Feiern sind die Danklieder im Psalmenbuch weiter überliefert worden. Und so konnte es zum Gebets- und Glaubensbuch auch der christlichen Gemeinde werden.

5 Jesus und das Glück

Die Verkündigung Jesu und der neutestamentlichen Zeugen gründen in den alttestamentlichen und frühjüdischen Konzepten des guten Lebens, erweitern und verändern sie aber um eine weitere Dimension. Hatte sich Kohelet mit seiner illusionslosen Diesseitsorientierung und im Hinblick auf etablierte Denkmuster den apokalyptischen Denkern seiner Zeit verschlossen, so steht Jesu Verkündigung im frühjüdischen Strom eines Denkens, das mit der Vorstellung einer nur diesseitigen Regulierung von gottgemäßen Lebensentwürfen gebrochen hat. Was ist mit den Hungernden, den Armen, deren Lebensmöglichkeiten in der Welt bleibend beschnitten sind, was ist mit denen, die um ihres Glaubens willen bedrängt, verfolgt und getötet werden? Was ist, wenn die Balance des geschöpflichen Lebens in dieser Welt nicht aufgeht, wie der Zusammenhang von Tun und Ergehen suggeriert? Was heißt dankbares Einfinden in die geschöpfliche Wirklichkeit menschlichen Lebens und der Gottesgegenwart, wenn die Hungernden hungrig bleiben?
Die Signatur der Gegenwart als Endzeit, als Einbruch der Gottesherrschaft in die Zeit, verändert die Perspektive auf das, was bisher als gutes Leben galt. Im apokalyptischen Szenario wird Gott nicht mehr in erster Linie als Schöpfer des Lebens, das dankbar zu empfangen und

zu genießen ist, gesehen, sondern als Retter und Befreier einer in Fesseln geschlagenen alten Welt. Das »siehe ich mache alles neu« relativiert die herkömmlichen Einstellungen zum gelingenden Leben und nährt die Hoffnung, dass die Übeltäter gerichtet und die Sehnsucht nach Glück und gutem Leben, jenseits der erfahrbaren Welt, bei Gott Erfüllung findet. Die Erfahrung der Endzeit erfordert ein radikales Ethos und eine Umwertung nicht aller, aber doch vieler Werte. Es geht um das sich Einfinden in die eschatologische Wirklichkeit des rettenden Gottes, die durch die Begegnung mit Jesus freigesetzt wird.

In dieser Linie ist die Verkündigung Jesu zu sehen. Pointiert nimmt er in seinen »Seligpreisungen« die alte Sprache der Glücklichpreisungen auf. Aber er preist diejenigen glücklich, die kein gutes Leben haben, die Armen, die Hungrigen, die Verfolgten, die in ihren Gemeinschaften Verhassten und Ausgestoßenen, und er verspricht ihnen jubelnde Freude und Lohn im Himmelreich und das Ende ihrer Not. Andererseits werden die Reichen, die Lachenden, die Satten, die Angesehenen mit Weherufen versehen und unter das Gericht Gottes gestellt (besonders deutlich in der Feldrede bei Lk 6,20–26).

Es geht hier nicht allein darum, denen die Linderung ihrer Not zu versprechen, denen das Leben so vieles schuldig geblieben ist, es geht auch um die Gerichtsperspektive gegen jene, denen es jetzt gut geht. Eindrucksvoll ist an den jesuanischen Seligpreisungen die große Kühnheit einer Glückszusage gerade an diejenigen, die nichts zu lachen haben. Ihnen gilt Gottes heilschaffende Zuwendung. Und sie ist an eine radikale Ethik geknüpft, die in der Bergpredigt ihre prägnanteste Gestalt bekommt. Das Glück, von dem Jesus redet, ist die Begegnung mit dem rettenden Gott. Aber steckt dahinter nicht auch eine Umwertung traditioneller Konzepte des guten Lebens? Zumal sich die jesuanische Kritik nicht allein an Reichtum, Sozialprestige und Wohlleben entzündet, sondern auch an den eher »frommen« halachisch-toraorientierten Strategien eines gottgemäßen Lebens.

Und ist die Umsetzung so radikaler Positionen einem geglückten Leben nicht eher hinderlich? Schon Christinnen und Christen tun sich schwer, die radikale jesuanische Ethik zum allgemeinen Maßstab der Lebensführung zu machen. Mit einer vernünftigen und maßvollen Entfaltung und Realisierung der im Menschen liegenden Möglichkeiten – wie es die Glückskonzepte der eudämonia-Tradition anbieten –, so scheint es, hat dies doch erst recht nichts zu tun.

Und was soll man mit der Aussicht anfangen, dass diejenigen, die jetzt verfolgt sind und Leid tragen, einst die Linderung ihrer Not erfahren? Wird die Erfüllung der Sehnsucht nach Überwindung sozialer Ungleichheiten nicht in ein Jenseits abgeschoben? Aus der Begegnung mit Armen und Hungernden hätte die frühjüdisch-weisheitliche Tradition eher die Aufforderung abgeleitet, in den Werken der Barmherzigkeit in dieser Welt nicht nachzulassen.

Glück in der Bibel – einige Aspekte

Der entscheidende Punkt und Eindruck, den die Jesusüberlieferung hinterlässt, ist die Zeitansage, in der die Begegnung mit dem Christus als endzeitliches Handeln Gottes verstanden wird. Dieses Einbrechen des rettenden Gottes in die vorfindliche Welt verändert die Lebenswirklichkeit, mobilisiert Kräfte und verleiht der Lebensorientierung eine neue Richtung, nämlich so zu leben, dass Gottes Reich schon punktuell Wirklichkeit werden kann.

Neben dieser Linie, in der Jesus die prophetisch-eschatologische Tradition fortführt und zuspitzt, begegnen geradezu kontrapunktisch dazu auch Traditionen weisheitlicher Lehre vom guten Leben. Zunächst in der jesuanischen Kritik am Reichtum: »Sammelt euch nicht Schätze hier auf der Erde, wo Motte und Wurm sie zerstören und wo Diebe einbrechen und sie stehlen, sondern sammelt euch Schätze im Himmel, wo weder Motte noch Wurm sie zerstören« (Mt 6,19). Hier argumentiert Jesus ganz in der weisheitlichen Tradition, wenn er die Illusion zerstört, sein Lebensglück durch Besitz und Reichtum sichern zu können. Den ersten Teil dieses Satzes hätte auch Kohelet sagen können. Die irdischen Schätze haben angesichts des Todes und der Fragilität des Lebens keinen Bestand, sie sind flüchtig und Haschen nach Wind. Den zweiten Satz hätte Kohelet vermutlich nicht akzeptiert, oder nur in einer präsentischen Interpretation: Die »Schätze im Himmel«, die dauerhaften Gewinn bringen, wären für Kohelet das achtsame Einfinden in Gottes Gegenwärtigkei. Bei Jesus ist der Aspekt der Gegenwärtigkeit Gottes ebenfalls sehr stark ausgeprägt, aber er umgreift nicht nur die Gegenwart des Heils, sondern auch Gottes zukünftiges Reich, in der Hungernde satt und den Weinenden die Tränen abgewischt werden.

Wie stark Jesus auch in der weisheitlichen Tradition wurzelt, zeigt, dass er sein radikales Ethos und die Motivation zu einer eschatologisch motivierten Anstrengung mit einer Haltung geradezu heiterer Gelassenheit gegenüber den Sorgen der Lebenssicherung verbinden kann.

Mt 6,25 Darum sage ich euch: Sorgt nicht um euer Leben, was ihr essen und trinken werdet; auch nicht um euren Leib, was ihr anziehen werdet. Ist nicht das Leben mehr als die Nahrung und der Leib mehr als die Kleidung? 26 Seht die Vögel unter dem Himmel an: sie säen nicht, sie ernten nicht, sie sammeln nicht in die Scheunen; und euer himmlischer Vater ernährt sie doch. Seid ihr denn nicht viel mehr als sie? 27 Wer ist unter euch, der seines Lebens Länge eine Spanne zusetzen könnte, wie sehr er sich auch darum sorgt? 28 Und warum sorgt ihr euch um die Kleidung? Schaut die Lilien auf dem Feld an, wie sie wachsen: sie arbeiten nicht, auch spinnen sie nicht. 29 Ich sage euch, daß auch Salomo in aller seiner Herrlichkeit nicht gekleidet gewesen ist wie eine von ihnen. 30 Wenn nun Gott das Gras auf dem Feld so kleidet, das doch heute steht und morgen in den Ofen geworfen wird: sollte er das nicht viel mehr für euch tun, ihr Kleingläubigen? 31 Darum sollt ihr nicht sorgen und sagen: Was werden wir essen? Was werden wir trinken? Womit werden wir uns kleiden? 32 Nach dem allen trachten die Völker. Denn euer himmlischer Vater weiß, daß ihr all dessen bedürft. 33 Trachtet zuerst nach dem Reich Gottes und nach seiner Gerechtigkeit, so wird euch das alles zufallen.

34 Darum sorgt nicht für morgen, denn der morgige Tag wird für das Seine sorgen. Es ist genug, daß jeder Tag seine eigene Plage hat.

Diese berühmten Sätze der jesuanischen Einweisung in eine heitere Gegenwärtigkeit der Gotteserfahrung gehören mit Recht zu den großen Glückstexten im Christentum. Sie werben für eine gelassene Haltung, die allem Strebensglück eine Abfuhr erteilt und sich Leben schenken lässt. Ähnlich wie in der Weisheitstradition wird dies mit den Bildern der kreatürlichen Schönheit und Geborgenheit in der Welt begründet, weil sie Gottes Welt ist: Seht die Blumen auf dem Feld! Euer himmlischer Vater ernährt sie doch, um wie viel mehr auch euch; eine Heiterkeit, aus der die Kinder Gottes leben können und sollen. Sie rechnet mit dem göttlichen Wohlwollen und einem Glück, das man dankbar empfängt. Der Rahmen dieser Verkündigung aber ist eine eschatologisch zugespitzte Zeitansage: «Trachtet zuerst nach dem Reich Gottes. Dann wird euch alles andere zufallen.«

Andere Weisheitslehrer würden hier eine Einweisung in etablierte Formen der Gottesbegegnung einsetzen: Trachtet zuerst nach der Tora, nach der Halacha, nach der Weisheit, nach der Furcht Gottes usw. Bei Jesus stehen diese weisheitlich klingenden »Sorget nicht-Sätze« im Zusammenhang der anbrechenden Gottesherrschaft. Sie gründen nicht – wie in der weisheitlichen Ethik Kohelets – auf der Schöpfungswirklichkeit und ihrer »dauernden Ordnung«. Die für Jesus wichtigen Schöpfungsaussagen veranschaulichen Gottes eschatologischen Liebeswillen selbst.[20] Und sie befreien von der Illusion, fromme Strategien des guten Lebens entwickeln zu können. Der Zusammenhang von Tun und Ergehen wird besonders in den Gleichnissen und in den Heilungsgeschichten immer wieder aufgesprengt. Alle Formen eines religiösen Anspruchsdenkens auf das gute Leben werden abgewiesen. Wer Schätze sammelt, wird sie verlieren. Jesus durchbricht die Schranken etablierter religiöser Ordnungen. Er wendet sich den Unreinen, den Sündern, den Unglücklichen zu. Das Glück kommt aus der Begegnung mit Jesus und daher, dass das Reich Gottes nahe herbeigekommen ist. Und es ist das Unerwartete, das Unverfügbare, das sich durch eine absichtsvoll geplante Lebensführung nicht herbeiführen lässt.

Dass der Tun-Ergehen-Zusammenhang im Leben oft nicht funktioniert, wird von Jesus nicht beklagt, sondern stets positiv interpretiert, als heilvolle Durchbrechung von Gott her und als enormer Impuls der Befreiung: »Die Hungernden werden satt werden«. Das Unerwartete geschieht. Die Sünder werden nicht bei ihren Sünden behaftet, die Kranken nicht bei ihrer Schuld, der verlorene Sohn erfährt die Barmherzigkeit und die jubelnde Freude des Vater, der auch den Vorwurf

---

[20] Vgl. *Wolfgang Schrage*, Ethik des Neuen Testaments, Göttingen 1982, 31–33 und *Lauster*, Gott und das Glück, 29ff.

der Ungerechtigkeit sanft erträgt; ein verhasster Zöllner erfährt Wertschätzung, ein unter die Räuber Gefallener erfährt Rettung durch einen verachteten Samaritaner.

Der Lebensgewinn liegt in der befreienden und neue Lebensperspektiven eröffnenden rettenden Wirklichkeit Gottes, die durch die Begegnung mit Jesus Gestalt gewinnt. Auch diese Erfahrung befreit von der Illusion, das Glück als Realisierung eigener Anstrengungen und Möglichkeiten zu verstehen, und setzt eine Motivation der Lebensführung frei, die sich wiederum an der Radikalität der Gnade, wie sie Jesus verkündigt hat, orientiert. Damit erschließt sich eine Dimension, die man mit Holger Finze-Michaelsen »das andere Glück«[21] nennen könnte – weil es deutlicher in Gegensatz zu dem tritt, worin Menschen gemeinhin das Gute des Lebens erblicken. Auf der anderen Seite bleibt Jesu Verkündigung darin ganz in den Bahnen, die ich am Anfang meiner Überlegungen herausgestellt habe. Das gelingende Leben wird auch hier als göttliche Gabe der Gottesnähe verstanden, das den Menschen als Geschenk widerfährt, das heilsam von Glücksillusionen befreit, das die Erfahrung des Lebens umstrukturiert und auffordert, in dieser durch Jesus neu bestimmten Gottesnähe geglückt zu leben.

---

21 *Holger Finze-Michaelsen*, Das andere Glück. Die Seligpreisungen in der Bergpredigt Jesu, Göttingen 2006.

RALF MIGGELBRINK

Können Christen von Glück reden?

Theologische Überlegungen im Anschluss an eine
Wiederentdeckung der Kategorie der Lebensfülle

I Die alltägliche Rede vom Glück ist der Theologie fremd

Glück, Erfolg, Spaß und Gesundheit wünschen wir uns wechselseitig in den Lebenszusammenhängen von Familie, Beruf und Freizeit nahezu täglich mit wechselnden Schwerpunktsetzungen. Glück wird dabei meistens verstanden als jener kleine unverfügbare Überschuss, dessen der Erfolgreiche, Gesunde und Lustige trotz aller positiven Haltung zum Leben, aller sorgfältigen Planung und erlernten Frustrationstoleranz zum Gelingen seiner Projekte bedarf. Glück wird alltagssprachlich also im Sinne der griechischen *Týchē* verstanden, jener göttlichen Verwalterin der Fügungen des Lebens. Ikonographisch ist *Týchē* erkennbar am Füllhorn ihrer leichtfüßig im Wind dahingestreuten Gaben. Steuerrad und Ruder weisen sie wie Zepter, Kugel und Krone in anderen Darstellungen als lebensbestimmende Größe aus.[1]
Wie gut ein Geschäft auch vorbereitet sein mag, der Kaufmann weiß, dass es am Ende immer einer gewissen *fortune* zum Abschluss bedarf. Dem klugen Menschen ist bewusst: Fortuna lässt sich nicht zwingen. Gute Geschäfte macht nur, wer auch verlieren kann.
Für die Antike machte die Divinifizierung eines so frivolen Frauenzimmers wie Fortuna durchaus Sinn, wusste man doch um die Macht des unkalkulierbaren Schicksals. Für den biblischen Gott der zuverlässigen Begleitung, der Erwählung und des Bundes, der Weisung und des Rechts passt die Rolle des rechtsfernen göttlichen Spenders unverdienter Chancen in ihrer Zufälligkeit und Unbeständigkeit nicht.
Erst als in nachexilischer Zeit die ausschließliche Verehrung des einen Gottes, der für die Gerechtigkeit unter den Menschen streitet (JHWH-Monolatrie), abgelöst wird durch einen theoretischen Monotheismus, der überhaupt keine anderen Götter mehr kennt als allein den Schöpfer und Herrn der Welt, stellt sich die Notwendigkeit, auch die Wechselfälle des Schicksals mit Gott in Verbindung zu bringen.[2] Die biblische

---

[1] *Otto Seemann / G.H. Bianchi*, The Mythology of Greece and Rome with Special Reference to its Use in Art 1896, Whitefish (USA): Kessinger Pub Co 2004 (Nachdruck des Originals von 1896), 116f.
[2] *Rainer Albertz*, Religionsgeschichte Israels in alttestamentlicher Zeit, Göttingen 1992, 435–438; *Werner H. Schmidt*, Monotheismus II. Altes Testament, TRE

Sprachregelung vom verborgenen Angesicht Gottes[3] entspricht diesem Bedürfnis und präludiert die bis heute zu hörende Rede vom *deus absconditus*, aus dessen Verborgenheit heraus den Menschen alles Übel trifft, während er in allen Wohltaten des Lebens den zugewandten Gott der Gnade und des Glaubens erkennt.[4] Das Problem, wie das unberechenbare Verbergen des göttlichen Antlitzes mit seiner Gerechtigkeit zu vermitteln wäre, bleibt ungelöst.

Für das Glück aber gilt: Der Gottesfürchtige wird »wohnen im Glück« (Ps 25, 13). Wo dieser Satz aber brutal der Erfahrung widerspricht, da greift die Theologie ab der nachexilischen Zeit auf das eschatologische Glück der zukünftigen Welt zurück. Dieses aber ist wiederum nicht eigentlich Glück in seiner Unverfügbarkeit und Flüchtigkeit, sondern eher dauernde Seligkeit *(beatitudo)*.

Aus diesem kleinen Überblick ergibt sich klar: Die Alltagsrede vom Glück hat in der Theologie kein Heimatrecht. Was sollte mit ihr auch im positiven Sinne gewonnen sein? Die Alltagserfahrung empfindet die *Týchē* als passende Deutung des glücklich Widerfahrenen in seiner Zufälligkeit und Flüchtigkeit. Die Theologie sieht dagegen die Eigendynamik einer auch gottlosen Welt, deren Wechselfälle für den Einzelnen keinen nachvollziehbaren ethischen oder religiösen Sinn machen. Gleichzeitig aber spricht sie davon, dass Gott in die Unüberschaubarkeit der unverfügbaren Wechselfälle des Lebens hinein verlässlich und absolut stabil sein Leben begründendes, rettendes und vollendendes Wort der segnenden Gutheißung *(benedictio)* spricht. Insbesondere für die Reformation entwickelte dieses Gutheißungswort Gottes vor allem futurisch-eschatologische Bedeutung und wurde deshalb in erster Linie als forensisches Gerechtsprechungswort im kommenden Gericht vernommen.[5]

23, 1994, 237–248; *Walter Dietrich / Martin Klopfenstein* (Hg.), Ein Gott allein?, OBO 139, Göttingen 1994.

3 *Walter Groß*, Das verborgene Gesicht Gottes. Eine alttestamentliche Grunderfahrung und die heutige religiöse Krise, in: *Peter Hünermann* (Hg.), Gott – ein Fremder in unserem Haus? Die Zukunft des Glaubens in Europa, Freiburg 1996 (QD 165), 65–77.

4 Die Unterscheidung wurde von Martin Luther begründet (*Martin Luther*, De servo arbitrio, in: D. Martin Luthers Werke. Kritische Gesamtausgabe, Band 18, Weimar, 1883ff, 600–787; deutsch: Vom unfreien Willen, in: *K. Aland* (Hg.), Luther Deutsch. Die Werke des Reformators in neuer Auswahl für die Gegenwart, Band 3, Stuttgart/Göttingen 1961ff, 151–334); *Volker Leppin*, Deus absconditus und Deus revelatus. Transformationen mittelalterlicher Theologie in der Gotteslehre von »De servo arbitrio«, in: Berliner Theologische Zeitschrift, Bd. 22, 2005, 55–69.

5 *Eberhart Jüngel*, Das Evangelium von der Rechtfertigung des Gottlosen als Zentrum des christlichen Glaubens. Eine theologische Studie in ökumenischer Absicht, Tübingen 1998, 174–180.

Am deutlichsten sind es die Wundererzählungen der Evangelien, die aber Gottes Segenswort als eine Größe der präsentischen Eschatologie deuten. Die präsentische Eschatologie hebt das Chaos der Wechselfälle des Lebens nicht auf. Und doch traut sie dem göttlichen Segenswort mehr Einwirkung in die Welt zu als lediglich die Begründung der Hoffnung auf eine jenseitige Rettung. Hier bekommen wir es also mit einem Ineinander zwischen den Wechselfällen des Lebens und der Wirksamkeit des göttlichen Erlösungswortes im Hier und Jetzt zu tun.

II Präsentische Eschatologie als Anknüpfungspunkt

Die Schwierigkeiten bei der Übernahme der Rede vom Glück in den theologischen Sprachgebrauch resultieren aus dem theistischen Gottesbegriff. Die göttliche Erhabenheit *(Deus excelsus super omnia)* gebietet einerseits, Gott nicht als launischen Schicksalsherren zu denken, und andererseits verbietet sie die Vorstellung, Gott selbst könne eines ihm unverfügbaren Glücks bedürfen.

Die Bibel allerdings arbeitet ganz überwiegend mit einem anderen Begriff des Verhältnisses von Gott und Mensch. Sie zeigt uns den heilsgeschichtlich um Recht, Gerechtigkeit, Erbarmen und Liebe ringenden Gott, der immer riskiert, mit seinem göttlichen Appell an die menschliche Freiheit zu scheitern. Die Möglichkeit des Scheiterns ergibt sich aus dem Inhalt des göttlichen Appells.

Der göttliche Appell zielt nämlich darauf, dass jeder Mensch aus der Gutheißung durch jeden anderen Menschen leben können soll. Er beinhaltet den göttlichen Segen *(benedictio)* für alles Leben. Weltgeschichtlich bestimmend werden kann diese göttliche Gutheißung des Gewollten anderen nur im universalen *šalôm* der Geschöpfe. Der wiederum ist Werk der freien Zustimmung aller Menschen. Die biblische Idee der Heilsgeschichte beinhaltet die den Theismus faktisch überwindende Idee, Gott lasse die eigene Abhängigkeit und die Möglichkeit des eigenen Scheiterns an der menschlichen Geschichte in ihren Wechselfällen zu.

Sein dramatischstes Scheitern erlebt Gott im Sterben Jesu. Doch so real dieses Scheitern auch ist, gerade aus ihm wirkt die göttliche Kreativität einen weltgeschichtlich wirksamen Neuanfang, in dem gerade das Scheitern zum Mittel wird dafür, dass Gott weltgeschichtlich bei allen Menschen mit seinem Programm der Wirksamkeit universaler Gerechtigkeit und Liebe ankommen kann.[6]

---

6 *Ralf Miggelbrink*, Der zornige Gott. Die Bedeutung einer anstößigen Tradition, Darmstadt 1999.

Heilsgeschichtlich kann das Scheitern Gottes deshalb zum Mittel seines größeren Sichdurchsetzens werden, weil Gott als der allmächtige Herr der Welt dieses Scheitern zugelassen hat. Damit hat Gott sich dem unterworfen, worüber er als der theistische Herr der Welt unendlich erhaben ist. So konnte Gott in der Unterwerfung seine Überlegenheit erfahrbar machen, nicht im Modus der abstrakten Souveränität, sondern im Modus der konkret sich durchsetzenden österlichen Lebensfülle.

Die Vorstellung des sich in die Welt hinein gebenden Gottes steht am Anfang des neuzeitlichen Nachdenkens über Gott. Die Kirchen verhalten sich jedoch ablehnend gegenüber dem pantheistischen Modell des Verhältnisses von Gott und Welt. Mit Recht ahnen sie eine menschliche Hybris, die das neuzeitliche Modell der Welterklärung nun auch noch auf Gott anwendet. Wo der Rückweg in einen robusten Theismus vermieden wird, da betont etwa Karl Rahner die absolute Geheimnishaftigkeit Gottes. Damit ist nicht gemeint, Gott wäre so absolut unbegreiflich, dass er sich selbst nicht verstünde. Vielmehr ist damit gemeint, dass Gott immer in dem Maße begriffen wird, in dem Menschen seine Gedanken mitdenken. Gott ist nicht aus der Außenperspektive, sondern nur aus der Teilnehmerperspektive verstehbar. Die Inkarnation bedeutet aber, dass Gottes Denken sich in der Geschichte der Menschen realisiert. Gott will und vollzieht sich in der Mensch- und Geschichtswerdung. Damit ist mitgesagt, dass Gottes Gedanken zu denken heißt: die eigene geschichtliche Gegenwart mit den wertenden Augen Gottes zu verstehen. Wo Menschen ihre Gegenwart im Lichte der göttlichen Selbstmitteilung deuten, wird ihnen Anteil an seinem Sein und Handeln geschenkt, und sie beginnen, Gottes Gedanken in der Geschichte zu denken.

III Lebensfülle als epochaler Begriff

Freude über die Schönheit der Welt ist eine erste Gestalt des Ansehens der Welt mit den Augen des Schöpfergottes *(via eminentiae)*. Aber der Blick auf die Welt mit den Augen Gottes bedeutet auch immer die Wahrnehmung der Differenz zwischen der Welt und Gott *(via negativa)*. Die Wahrnehmung der Schönheit der Welt und die Wahrnehmung der Differenz zwischen Gott und Welt ereignet sich immer in einem geschichtlich bestimmten Deutungskontext.

Unser Deutungskontext ist bestimmt durch die Erfahrung der gründlichen Ökonomisierung aller Lebensbereiche. Der theologische Begriff der Lebensfülle zielt auf eine Verhältnisbestimmung zwischen der alles beherrschenden Logik der Ökonomie und der präsentisch eschatologischen Wirksamkeit Gottes in der Welt.

1. Mangelobsession

Ökonomische Rationalität basiert darauf, Menschen in einem umfassenden Sinn als Mängelwesen zu deuten.[7] Der einzelne Mensch erscheint als eine Einheit, die im ständigen Kampf mit der Natur ihr Leben als Bereich reduzierter Entropie sichern muss. Bündnisse und Allianzen mit anderen Lebewesen dienen diesem Zweck. Wo die unausweichliche Sterblichkeit des Einzelnen das eigene Selbst als Zielpunkt allen Tuns und Strebens unwahrscheinlich macht, hilft die Soziobiologie mit ihrem Theorem des Genegoismus: Jedes Lebewesen kämpft darum, dass ein möglichst großer Teil seines Genoms weiterlebt. Wo nicht mehr genetisch verbundene Nationen, sondern moderne Staaten und wirtschaftliche Unternehmungen dem Streben der Menschen Ziel und Sinn geben sollen, wird das Modell des Genegoismus transformiert in jenes des *Mem*-Egoismus.[8] Das Selbsterhaltungsbedürfnis zielt jetzt auf die Erhaltung kultureller und geschichtlicher Gehalte, eben der *Meme*. So kann die Warnung »Deutschland schafft sich ab«[9] für ökonomisch gebildete Zeitgenossen als Ausdruck einer realistischen Gefahr verstanden werden. Immer zielt eine solche Warnung darauf, die eigene Überlebensfitness als Einzelner, als Familie, als Volk und als Deutschland-AG auf allen Ebenen zu optimieren, damit *wir* überleben können. Die Abgrenzung des *Wir* ist für diese Art zu denken zwingend notwendig, denn immer geht es um abgegrenzte Systeme, die gegeneinander konkurrieren und die als abgegrenzte erkennbar sein müssen. Mit der programmatischen Abgrenzung verliert ein seit der Aufklärung zentraler Begriff der Zielbestimmung menschlichen Handelns an Bedeutung: der Begriff der Menschheit, der bei Kant noch alle vernunftbegabten Lebewesen meinte und im 19. Jahrhundert bereits durch den biologistischen Begriff der Gattung ersetzt wurde. Der Begriff der Menschheit zielte auf die Entgrenzung in der Programmatik der Universalität. Bereits der Gattungsbegriff ist demgegenüber eine dem Biologismus des 19. Jahrhunderts anzulastende Eingrenzung des universalistischen Programms der Aufklärung.

Dass abgrenzungsdefinierte Systeme darauf zielen, das Tüchtige zu *in*- und das Defizitäre zu *ex*kludieren, ergibt sich aus ihrer Finalisierung auf das Überleben.[10]

---

[7] *Ralf Miggelbrink*, Leben in der Mangelobsession, in: *ders.*, Lebensfülle. Zur Wiederentdeckung einer theologischen Kategorie, Freiburg 2009 (QD 136), 22–58.
[8] *Alexander Becker* (Hg.), Gene, Meme und Gehirne. Geist und Gesellschaft als Natur, Frankfurt a.M. 2003.
[9] *Thilo Sarrazin*, Deutschland schafft sich ab. Wie wir unser Land aufs Spiel setzen, München 2010.
[10] Die Frage, wer jeweils als inklusionswürdig bejaht wird, unterliegt kontingenten Moden: Thilo Sarrazin nennt rassische Argumente für Wertschätzung des Judentums, das siebzig Jahre zuvor aus rassischen Gründen abgelehnt wurde. Ernst Bloch hatte diese eigenartige Modenabhängigkeit rassischer Wertungen bereits

Ein ökonomisches Denken, das so umfassend biologische, physikalische, soziologische und ökonomische Theoriebildung integriert, erfüllt die Funktion eines Weltbildes. Weltbilder treten ab dem 19. Jahrhundert als Erben der christlichen Weltdeutung an. Sie integrieren Kolportagen wissenschaftlicher Theoriebildung zu komplexen Systemen der Welterklärung.[11] Deren hypothetischer Status wird verschwiegen, weil die Weltbilder nicht der Wissenschaft und der Wahrheitsfindung, sondern der kollektiven Motivation dienen.

Ein zentrales Thema von Theologie als einer öffentlichen Angelegenheit sollte darin bestehen, die Kritik der Weltbilder hinsichtlich ihres erschwindelten universalen Geltungsanspruches zu kritisieren. Systematische Theologie hat Geltungsansprüche zu überprüfen, zu hinterfragen und theoretisch-argumentativ zu bestreiten.

2. Biblische Füllefaszination

Das biblische Zeugnis der Wirksamkeit Gottes in und an der Welt stellt dem Weltbild des Mangels die Intuition der grundlegenden und endgültigen Bedeutung absoluter Fülle entgegen. Die biblische Menschheitsgeschichte beginnt in einem orientalischen Garten. Die Heilsgeschichte beginnt mit der Verheißung sagenhaften Nachwuchses an einen Kleinviehnomaden. In ihrem alttestamentlichen Zentrum steht die Flucht der Sklaven in ein Land voll Milch und Honig. Gott selbst straft die lügnerische Verleumdung dieses Landes als eines mangelhaften Lebensraumes. Für das Land stiftete Gott eine Rechtsordnung universalen Wohlwollens. Gegen deren Korrumpierung tritt Gott auf als zorniger Kämpfer für Recht und Gerechtigkeit. Nach dem Untergang der staatlichen Heilsperspektive öffnet Gott den Horizont für ein weltweit-universales Verständnis seiner wohlwollenden Zuwendung zu allen Menschen. In Leben, Tod und Auferstehung Jesu Christi offenbart Gott diese universal wohlwollende Haltung allen Lebenden gegenüber als das Geheimnis seines eigenen innergöttlichen Lebens.

Die Ethik der Bibel begründet die Überzeugung der auf die Menschheit bezogenen Universalität. Sie bezeugt in breiten Erfahrungstraditionen, dass Kooperation und Solidarität letztlich für alle beglückender sind und mehr Erfolg versprechen als Konkurrenz und Neid. Der neutestamentliche Begriff der Fülle deckt die theologische Tiefenstruktur dieser biblischen Intuition auf.[12] Eine erste sprachliche Gestaltung findet sich im johanneisch-paulinischen und deutero-paulinischen Begriff

---

1935 zum Gegenstand einer kleinen Studie über »Rassentheorie im Vormärz« gemacht (*ders.*, Erbschaft dieser Zeit, Frankfurt 1962 [ursprünglich: Zürich 1935], 90–93).
[11] *Linus Hauser*, Kritik der neomythischen Vernunft, Bd. 1: Menschen als Götter der Erde, Paderborn 2004.
[12] *Miggelbrink*, Lebensfülle, 216–261.

des *plēroma*. Das zugrundeliegende Verb (*plēroein*) schließt etymologisch an den Beladevorgang eines Schiffes an, dessen Innenraum vollkommen und lückenlos angefüllt wird. In der Gnosis bezeichnet *plēroma* so etwas wie die göttliche Aseität. Im neutestamentlichen Kontext fällt der dem *plēroma* zugesprochene Charakter des Überströmenden auf: Das Übervolle erfüllt auch die anderen. Eine zweite Spur enthält das Gleichnis vom Guten Hirten. Dort unterbricht eine abstrakte Maxime die Bildebene, wenn es unvermittelt heißt: »Ich bin gekommen, damit sie das Leben haben und es *in Fülle* haben.« (Joh 10,10). Das griechische »*perissòn*« bezeichnet ein Übermaß und schließt damit an die Vorstellung des Überströmens an. Mit seiner Verknüpfung von Leben und Überfluss stellt sich der Vers aus dem Johannesevangelium dem zeitgenössischen Mangeldenken diametral entgegen. Durch die Verknüpfung mit der Evolutionsbiologie erheischt der ökonomische Mangelbegriff eine universale Geltung, indem er zu bestimmen vorgibt, was Leben bedeutet, nämlich eben die Bewahrung einer umgrenzten Einheit vor der Auflösung.

Biblisch erscheint die Durchlässigkeit der Grenze nicht als Gefährdung, sondern als Vollzug des Lebens. Leben wird empfangen aus der sich in Gaben verschenkenden Überfülle Gottes (Joh 1,16). Es vollzieht sich seinem Ursprung gemäß als Gabe, die selbst vor der Metapher des Verströmens nicht zurückschreckt (Joh 10,10). Explizit erteilt bereits der markinische Jesus dem Selbsterhaltungsprogramm der Evolutionsbiologie und der Mikroökonomie eine klare Absage. Die generalisierte Fassung des entsprechenden Logions tradiert Lukas: »Wer sein Leben zu bewahren sucht, wird es verlieren; wer es dagegen verliert, wird es gewinnen.« (Lk 17,33)

Sowohl Markus als auch Matthäus lösen die Paradoxie des Logions eschatologisch: Wer hienieden sein Leben gibt, wird im Jenseits empfangen. Lukas behält dagegen eine präsentische Perspektive: Es ist nicht nur eine eschatologische Hoffnung, sondern eine religiöse Alltagserfahrung, dass Leben gewonnen wird, wo es gegeben wird, und verloren geht, wo alles sich auf seine Bewahrung richtet. Welche Analogien können diese religiöse Aussage verstehbar machen?

3. Analogien der Füllewirksamkeit

Für die Leben begründende Kraft der Großzügigkeit nenne ich zwei Analogien:

3.1 Wechsel von der Es- zur Ich-Perspektive
Wo Biologen und Ökonomen das Leben deuten, betrachten sie es wie eine sachhafte Wirklichkeit außerhalb des Betrachters.[13] Der Eintrag

---

13 Zum Folgenden: *Miggelbrink*, Lebensfülle, 74–104.

von Erfahrungen in die Deutung von Beobachtungen gilt als unwissenschaftlich. Wir akzeptieren diese Es-Perspektive als wissenschaftliche Perspektive in weiten Bereichen unseres Lebens. Wo aber Modelle gebildet werden, um das Leben zu verstehen, sträuben wir uns. Es ist wissenschaftlich unstrittig, dass wir nicht wissen, was Leben ist. Naturwissenschaftliche Modelle beruhen auf dem analytischen Grundgedanken, Leben bezeichne die Komplexion einfacherer naturhafter Sachverhalte. Eine phänomenologische Perspektive lehnt die mit der biologischen Modellbildung einhergehende Trennung von verstehendem Subjekt und lebendigen Wesen ab. Das verstehende Subjekt kann das lebendige Wesen, das es selbst auch ist, nur als sachanaloge Wirklichkeit deuten, indem es von der Erfahrung der eigenen Lebendigkeit abstrahiert. Die Lebensphänomenologie lädt dazu ein, genau diese Abstraktionsoperation nicht zu vollziehen. Menschen werden ihrer selbst nicht zunächst als Subjekte bewusst, sondern als lebendige Wesen.

Das lebendige Wesen unterscheidet sich vom Subjekt, indem es neben seinem Verstehen- und Verfügenkönnen weitere Eigenschaften an sich erkennt. Mit der Lebendigkeit ist die Wirklichkeit gegeben, die die Bibel Fleisch nennt. Fleisch meint das Herkommen von anderen, das Eingebundensein in einen unübersehbaren Prozess der auch einschränkenden und determinierenden Herkünftigkeit. Fleisch meint aber auch die unverwechselbare Einmaligkeit des eigenen Seins, das nicht nur in seiner Schwäche und Begrenztheit, sondern auch in seiner Schönheit bewusst werden kann. Eine phänomenologische Perspektive lädt dazu ein zu merken, wie es sich anfühlt zu leben. Ein Moment an diesem Erfühlen des Lebens ist das Gewahr-werden seiner Herkünftigkeit. Ein anderer Moment betont die Eingebundenheit in den Strom des Lebens, wie er sich im Zeugen und Gebären von Kindern fortsetzt.

3.2 Die Analogie der Gabe

Mit Marcel Mauss hat einer der Väter der modernen Soziologie die Aufmerksamkeit auf den Begriff der Gabe gelenkt.[14] Die Frage danach, was überhaupt Menschen zusammenführt und veranlasst Gemeinschaften zu begründen, beantwortet Mauss nicht aus einem hypothetischen Wissen hinsichtlich des Evolutionszwecks der Gemeinschaften, sondern indem er analysiert, wie sich Gemeinschaftsbildung konkret ereignet. Mauss beschreibt das Schenken und Geben als Initialzündung und dauerhaftes Bindemittel: Ein Mensch, der es riskiert, etwas zu geben, statt um alles zu kämpfen, provoziert zur Kooperation. Mauss beschreibt, der Gabe wohne eine magische Kraft inne, die die Erwiderung der Gabe erzwinge. Zugleich beschreibt er, dass diese Erwiderung in einfachen Kulturen nicht einfach die prompte Präsentation

---

14 *Ulrike Link-Wieczorek / Ralf Miggelbrink*, Vom bewegenden Geben Gottes: Neuere Arbeiten zu einer ökumenischen Theologie der Gabe, in: ÖR 56 (2007), 229–241; *Miggelbrink*, Lebensfülle, 105–159.

der Gegengabe sein darf. Mit einer solchen würde die Gemeinschaft abgelehnt, zu der die Gabe auffordert. Gemeinschaft wird erfahrbar bejaht, wo die Gegengabe auf sich warten lässt und die Gegengabe am besten die Gabe an Wert noch übertrifft. Das erkennbar Zwanghafte an der Gabeökonomie nach Marcel Mauss hat vor allem auf evangelischer Seite zu der theologischen Frage nach der wirklich freiwilligen, wahren Gabe geführt.[15]
Abseits dieser Diskurse bietet sich die Gabeerfahrung als Analogie an, die verstehbar macht, auf welche soziale Lebenserfahrung sich die neutestamentliche Überzeugung, Verlieren sei Gewinn, beziehen kann.

4. Die Botschaft der Lebensfülle für die Gegenwart

Die Bibel lädt uns dazu ein, unser Leben nicht unter der Leitidee des Mangels, sondern der geschenkten und schenkenden Fülle als dem Prinzip des Lebens überhaupt zu interpretieren. Das Prinzip der Fülle verknüpft anthropologische Erfahrungen aus der Menschheitsgeschichte mit präsentisch-eschatologischen Erfahrungen des Neuen Testamentes. Das Prinzip der Fülle verknüpft das phänomenologische Votum für eine Erlebensperspektive auf das eigene Leben mit der biblischen Überzeugung, dass alles Leben in seiner je besonderen Individualität von Gott gewollt und so von Anfang an gesegnet ist.
Auch die Biologen und Ökonomen anerkennen die Leben ermöglichende Wirkung der Kooperation. Sie halten es allerdings für notwendig, das Prinzip der Kooperation aus dem elementareren Prinzip der Konkurrenz herzuleiten, und sprechen deshalb von Schein-Altruismus als erfolgreicher Strategie. Es ist fragwürdig, ob Menschen beides leisten können: (1) einerseits zu wissen, dass Kooperation egoistisch motiviert ist, und (2) andererseits vollkommen uneigennützig zu kooperieren, weil diese Kooperation *in the long run* den größeren Nutzen verspricht. »*In the long run*« heißt ja in diesem Kontext: Der Nutzen wird für die eigenen Kinder und Enkel erhofft, für das eigene Volk oder die eigene *company*.
Die Erlebensperspektive erscheint da vielversprechender: Wir kooperieren, weil wir uns dem Geheimnis unserer menschlichen Herkunft hoffend anvertrauen. Biblisch heißt das: Wir kooperieren im Vertrauen auf die Erlösung des Fleisches durch den fleischgewordenen Gott.
In der Erlebensperspektive können Menschen sich bejahen als die auf unverfügbare Kooperation der anderen Angewiesenen. In der Erlebensperspektive spielen Gefühle wie Freude über gelingende Kooperation und Schmerz über verweigerte Kooperation eine Rolle.
Die Erlebensperspektive steht der religiösen Sprache nahe, die das Leben in der Perspektivität des Erlebens kommunizierbar macht. Damit

---

15 *Ralf Miggelbrink*, Lebensfülle, 128–134.

aber berührt sich nun die religiöse Sprache mit alltagssprachlichen Formulierungen, mit denen wir bekennen: »Ich habe Glück gehabt.«

IV Lebensfülle und Glück

Der Begriff des Glücks kann zweierlei bedeuten: Zum einen ist Glück eine deutsche Entsprechung zur lateinischen *fortuna*. Die zweite Bedeutung von »Glück«, die der lateinischen *beatitudo* entspricht, scheint dagegen ernsthafter, bedeutungsvoller und mit dem christlichen Denken und Sprechen vereinbarer. In manchen Regionen Deutschlands hat sich bis in das zwanzigste Jahrhundert die Sprachregelung gehalten, dieses dauerhaftere, tiefere Glück mit »Glückseligkeit« zu bezeichnen. Aus der stoischen Philosophie hat die Glückseligkeit eine Affinität zur Moralität mitgebracht: Ein glückseliges Leben ist ein tugendhaftes Leben, das als solches angewiesen ist auf den verständigen Weisen.[16] Das Christentum setzt sich auf der Grundlage seiner Kreuzigungserfahrung eschatologisch kritisch mit der heidnischen Glückserwartung des guten Weisen auseinander: Erst das ewige Leben ist vollkommene Teilhabe an Gott und so wahre Glückseligkeit, die auf Erden niemand finden kann.[17] Die Überzeugung, dass gerade der Gerechte in diesem Leben leidet, führt bei Kant dazu, dass er den Gottesbegriff aus der eschatologischen Erwartung ableitet. Gott wird zu der Instanz, die dafür sorgen soll, dass zumindest für das Jenseits der Gute erhoffen kann, »dass alles nach Wunsch und Willen geht«[18].

Unsere Überlegungen zur Lebensfülle allerdings legen es nahe, die Glückseligkeit *(beatitudo)* als doch ein wenig mehr vom Glück *(fortuna)* beeinflusst zu verstehen: Aus der Erlebensperspektive des auf Kooperation Angewiesenen ist die erlebte Kooperation unverfügbar Begegnendes und entspricht insofern dem Begriff der *fortuna*. Glück widerfährt uns. Daraus folgt aber nicht seine theologische Irrelevanz. Die Erfahrung des widerfahrenden Glücks ist vielmehr die glückliche Koinzidenz zwischen der ewigen göttlichen Benevolenz einerseits und der menschlichen Freiheit andererseits. Diese Koinzidenz kann sich auf zweierlei Weise ereignen: (1) Es kann Menschen gelingen, die Ereignisse ihres Lebens in einem bestimmten Moment dankbar als Gottes lebenspendende Macht im Alltag anzunehmen und freudig zu bejahen.

---

[16] Augustinus, Erster Brief an Nebridius, 1f.
[17] Augustinus, De civitate Dei, XIX, 4.
[18] *Immanuel Kant*, Kritik der praktischen Vernunft, A 224: »Glückseligkeit ist der Zustand eines vernünftigen Wesens in der Welt, dem es, im Ganzen seiner Existenz, alles nach Wunsch und Willen geht, und beruhet also auf der Übereinstimmung der Natur zu seinem ganzen Zwecke, imgleichen zum wesentlichen Bestimmungsgrunde seines Willens.«

(2) Menschen können sich selbst bereitwillig zu Boten und Mittlern der Leben stiftenden und begründenden Gegenwart Gottes bejahen. Gabetheoretisch können diese Zusammenhänge so beschrieben werden: Manchmal gelingt es Menschen, sich beglücken zu lassen von Gott in seiner beschenkenden Gegenwart. Manchmal gelingt es Menschen, fremde Gaben ohne Hintergedanken anzunehmen. Manchmal gelingt es Menschen, für andere zu solchen zu werden, die als absichtslos schenkende Leben ermöglichen.

In solchen Momenten schwingt der sich schenkende göttliche Grund des Daseins mit der Geschichte menschlicher Leben zusammen, Gottes Gegenwart ragt verwandelnd als gegenwärtiges Eschaton in unser Leben. Solche glücklichen Momente lassen sich nicht festhalten oder wiederholen. Sie wollen vielmehr sensibel wahrgenommen und als glückliche Gelegenheiten ergriffen werden. Die präsentische Eschatologie hat kairologischen Charakter. Wo das Leben aus dem Glück gelingender Augenblicke gelingt, wird die Erfahrung der Unverfügbarkeit zu einer Glückserfahrung. Die dankbare Annahme der fremden Unverfügbarkeit ist mindestens ein Moment am Glauben, allerdings einem Glauben, der nicht auf angestrengter Dogmatik basiert, sondern auf der kultivierten Lebenskunst, im Unverfügbaren das Erfüllende und Beglückende sehen zu können.

Wer dagegen die Abwesenheit von Verfügungsmasse nur als zu überwindenden Mangel deuten kann, gewinnt zu dieser Lebenskunst keinen Zugang. Vertreter einer ökonomischen Mangelanthropologie begründen ihren Ansatz in der Regel unter Verweis auf die enorme Wohlstandsmehrung, die rationaler – das heißt mangelorientierter – Umgang mit Ressourcen zu bewirken vermag. Die frappante Glücklosigkeit der Überflussgesellschaft jedoch, ihre erkennbare Unfähigkeit, mit der unverfügbaren Chance des Augenblicks umzugehen, wird umgekehrt zum Wohlstandsrisiko und verweist auf eine Kultur des pflegenden Umgangs mit dem unverfügbaren Glück.

CHRISTIANE BINDSEIL

Christuswirklichkeit und ästhetische Rezeption
Über das Glück bei Dietrich Bonhoeffer und Theodor W. Adorno

Nach einem Jahrhunderte währenden Dornröschenschlaf ist die Frage nach dem Glück auch in der evangelischen Theologie zu neuem Leben erwacht. Die Entwicklung eines systematisch-theologischen Verständnisses von Glück scheint unentbehrlich, will die Theologie sich einerseits im Dialog mit der Philosophie profilieren und andererseits gesprächsfähig sein auch mit den zahllosen Leserinnen und Lesern von Glücksratgebern, die den Büchermarkt im letzten Jahrzehnt überschwemmt haben.
Einer der ersten Theologen des 20. Jahrhunderts, der den Glücksbegriff – zumindest in seiner letzten Schaffenszeit – ohne Scheu gebraucht, ist Dietrich Bonhoeffer. Eine Rekonstruktion seines Werkes im Blick auf das Glück macht deutlich, dass er in seinen frühen Jahren zwar dem irdischen Glück skeptisch gegenübersteht und allein das jenseitig zu empfangende Heil in den Blick nimmt; dass er aber mit einer wachsenden auch theologischen Hinwendung zum Diesseits dieses zunehmend wertschätzt und auch das hier und jetzt erfahrene weltliche Glück für ihn eine neue Würde gewinnt. Die Frage nach der Wertschätzung des Glücks vor dem Horizont des verheißenen Heils und zugleich unabhängig davon wird zu einem wichtigen Motiv in Bonhoeffers letzten überlieferten Schriften.
Im Bezug auf die Entwicklung seines Verhältnisses zum Glück lassen sich überraschende Analogien zwischen Bonhoeffer und seinem philosophischen Zeitgenossen Theodor W. Adorno aufzeigen. Beide Denker ringen um die Verhältnisbestimmung von Gegenwärtigem und Entzogenem, von Vorhandenem und Erhofften, von Immanenz und Transzendenz, aber auch von Freude und Leid, von Hoffnung und Abgrund, von Glück und Unglück. Dabei zeigen sie zwar grundverschiedene denkerische Voraussetzungen und Inhalte, aber auch Adorno durchschreitet die Entwicklung von einer radikalen Skepsis gegen jedes weltliche Glück über die Möglichkeit seiner Ahnbarkeit bis hin zu seinem – wenn auch dialektisch verschlungenen und nur durch die Negation der Negation hindurch möglichem – Aufblitzen in der ästhetischen Rezeption.
Beiden Denkern geht es, vor allem in der letzten Lebens- und Schaffensphase, darum, einem »religiösen Hinterweltlertum« im Sinne

Nietzsches den Riegel vorzuschieben. Die Hoffnung auf ein besseres Jenseits darf nicht dazu führen, dass das Leben und Handeln im Diesseits an Relevanz verliert. Während bei Adorno allerdings die Einwanderung jeglicher Transzendenzvorstellung ins Profane so radikal und vollständig sein muss, dass die Frage nach dem Transzendenten irrelevant wird[1], so nimmt Bonhoeffer mit der von ihm so bezeichneten »weltlichen Interpretation«[2] religiöser Begriffe einen dialektischen Weg. Die Wirklichkeit Gottes wird als Horizont der Weltwirklichkeit nie in Frage gestellt, sie darf aber keinesfalls den Menschen von seiner Verantwortung entbinden, im Gegenteil: Da die Auferstehungshoffnung den Menschen »gegenüber dem A.T. nur noch in verschärfter Weise an sein Leben auf der Erde« verweist[3], ist der Christ radikal an diese Welt verwiesen, *etsi Deus non daretur,* aber im Angesicht Gottes[4]. In diesem Sinne gilt es, nach einem Glück zu fragen, das ganz und gar in der Welt verwurzelt ist, ohne transzendente Hintertür, und das zugleich mitten in der Welt, in der Teilhabe an Gottes Ohnmacht und an seinem Leiden, an Gottes (religionslosem) Heil partizipiert. Dabei ist Adornos radikale Skepsis gegen jede Form von weltlichem Glück und seine Angst vor der Korrumpierung der Utopie durch ihre Konkretion hilfreich, um die Bonhoeffersche Dialektik nicht vorschnell einseitig aufzulösen.

Dies soll im Folgenden exemplarisch verdeutlicht werden in der Auseinandersetzung mit Bonhoeffers Christologie, wie sie sich in seiner »Christologievorlesung« (DBW 12), aber auch in der »Ethik« (E) und in »Widerstand und Ergebung« (WE) darstellt. Dabei werden überraschende Analogien zu Adornos Kunsttheorie, insbesondere in der »Ästhetischen Theorie« (ÄT), aufgewiesen und für das Verständnis von Glück fruchtbar gemacht.

1 Strukturanalogien

1.1 Unvermischt und ungetrennt

Für Adorno gehört es zum Wesen wahrer Kunst, dass sie der Gesellschaft gleich wird: »Um inmitten des Äußersten und Finstersten der

---

[1] »Nichts an theologischem Gehalt wird unverwandelt fortbestehen; ein jeglicher wird der Probe sich stellen müssen, ins Säkulare, Profane einzuwandern«, *Theodor W. Adorno*, Kulturkritik und Gesellschaft 2, Gesammelte Schriften Band 10.2, *R. Tiedemann* (Hg.), Darmstadt 1998, 608.
[2] *Dietrich Bonhoeffer*, Widerstand und Ergebung. Briefe und Aufzeichnungen aus der Haft, DBW 8, *Ch. Gremmels / E. Bethge / R. Bethge* (Hg.), München 1998, 535.
[3] A.a.O., 500.
[4] »Der Gott, der uns in der Welt leben lässt ohne die Arbeitshypothese Gott, ist der Gott, vor dem wir dauernd stehen. Vor und mit Gott leben wir ohne Gott.« (*Bonhoeffer*, Widerstand und Ergebung, DBW 8, 533f).

Christuswirklichkeit und ästhetische Rezeption 103

Realität zu bestehen, müssen die Kunstwerke, die nicht als Zuspruch sich verkaufen wollen, jenem sich gleichmachen. Radikale Kunst heute heißt soviel wie finstere, von der Grundfarbe schwarz.«[5]. Aber als Kunst muss sie auch unterschieden bleiben, um den Aufschein des ganz Anderen zu ermöglichen: »Daß aber die Kunstwerke da sind, deutet darauf, daß das Nichtseiende sein könnte.« (ÄT 200) Kunst ist also in der Gesellschaft gegenwärtig und ihr zugleich entzogen und sie negierend. In der Kunst leuchtet die Utopie auf und wird zugleich die Abgründigkeit der Gesellschaft dargestellt.[6] Das Kunstwerk muss in seiner Dialektik *als Ganzes* erfasst werden, zugleich als *Werk*, d.h. als der Gesellschaft entsprungenes Artefakt, und als *Kunst*, die der Gesellschaft enthoben, transzendent ist und diese völlig negiert.

Eine von der Struktur her ähnliche Dialektik formuliert Bonhoeffer in seiner Christologie-Vorlesung: »Die Gegenwart Christi erzwingt den Satz, Jesus sei ganz Mensch, und den anderen, Jesus sei ganz Gott, sonst wäre er nicht gegenwärtig.« (DBW 12, 294) Hier stellt sich das für Bonhoeffer zentrale Problem der Christologie: »Ist Jesus als der erniedrigte Gott-Mensch in die menschliche Sünde ganz eingetreten?« (DBW 12, 344). Wenn nein, kann er nicht Mensch gewesen sein wie wir, und wenn ja, kann er nicht wahrer Gott sein. In beiden Fällen scheint die Kraft seiner Erlösung infrage gestellt. Hier verweist Bonhoeffer auf die neutestamentlichen Erzählungen von Jesus, in denen die menschliche oder die göttliche Seite gezeigt wird, ohne dass sie je isoliert werden könnten und dürften.[7] Jesus Christus ist also ganz Gott und ganz Mensch dadurch, dass beides sich gegenseitig qualifiziert. Nur in der gegenseitigen Verschränkung ist beides vollkommen und wahr.

Bonhoeffer lässt beides, die Aussage von der Sündlosigkeit Jesu und sein Sein ὁμοίωμα σαρκός, dialektisch stehen – so, wie auch Adorno die Spannung des Kunstwerkes, das der Gesellschaft gleich wird und zugleich ein anderes ahnen lässt, nicht auflöst. Dem chalcedonensischen »wahrer Gott und wahrer Mensch« im Sinne Bonhoeffers ist also Adornos Verständnis des Kunstwerkes als ›ganz Kunst, ganz Werk‹ analog.

---

[5] *Theodor W. Adorno*, Ästhetische Theorie, Gesammelte Schriften Bd. 7, R. Tiedemann (Hg.), Darmstadt 1998, 65.

[6] Mit dieser Denkfigur kann der Gegensatz, den Grenz aufbaut zwischen »dem Beharren auf der Gegensätzlichkeit des Gegensätzlichen« und »dem Begriff der Vermittlung« als »Aufeinanderbezogensein der Gegensatzseiten«, den er selber stark macht, überwunden werden. Vgl. *Friedemann Grenz*, Adornos Philosophie in Grundbegriffen. Auflösung einiger Deutungsprobleme, Frankfurt ²1975, 119.

[7] Zum Beispiel ist im Geburtsbericht »von dem Sein des Wortes Gottes in Christus« und im Taufbericht »von dem Herabkommen des Wortes Gottes auf Christus« die Rede (*Dietrich Bonhoeffer*, Berlin 1932–1933, DBW 12, C. Nicolaisen / E.-A. Scharffenorth [Hg.], Gütersloh 1997, 341).

1.2 Ästhetische Rezeption und Christuswirklichkeit

Das Aufleuchten der Utopie wird für Adorno – wenn überhaupt – in der Betrachtung des Schönen erfahrbar, denn nur hier wird die Spaltung von Subjekt und Objekt überwunden, wird die Unterdrückung der Erkenntnis außer Kraft gesetzt. Allerdings ist diese Utopie nicht zu fassen und eigentlich nicht einmal denkbar, würde sie doch im Denken wiederum zum Objekt gemacht und damit destruiert. »Zentral unter den gegenwärtigen Antinomien ist, daß Kunst Utopie sein muß und will und zwar desto entschiedener, je mehr der reale Funktionszusammenhang Utopie verbaut; daß sie aber, um nicht Utopie an Schein und Trost zu verraten, nicht Utopie sein darf. Erfüllt sich die Utopie von Kunst, so wäre das ihr zeitliches Ende.« (ÄT 55)

So bleibt die Utopie entzogen und ungreifbar, bricht aber dennoch, wenn auch nur für die Ahnung eines Augenblicks, mit der ästhetischen Rezeption in die Wirklichkeit des Rezipienten ein und verwandelt sie. Die Wirkung der Kunst steht in dialektischer Spannung von ungeschminkter Offenlegung des Zustands dieser Welt und Verheißung einer anderen: »Denunziation und Antezipation sind in ihr [der Kunst, C.B.] synkopiert.« (ÄT 130) Das Aufleuchten ist nicht zu greifen und entzieht sich sofort wieder; die Welt bleibt unversöhnt, sodass die auf das Aufscheinen folgende Dunkelheit umso dunkler und schmerzlicher wird, auch wenn diese Dunkelheit nun verschränkt ist mit der Hoffnung auf ihre Erleuchtung und darin die vorsichtige Ahnung von Glück in sich birgt.

Diese Denkfigur weist strukturelle Parallelen auf zu dem, was Bonhoeffer als Christuswirklichkeit bezeichnet. In ihr sind Gotteswirklichkeit und Weltwirklichkeit so miteinander verschränkt, dass beide bestehen bleiben und doch eines bilden: »Der Ort, an dem die Frage nach der Wirklichkeit Gottes wie die nach der Wirklichkeit der Welt zugleich Beantwortung erfährt, ist allein bezeichnet durch den Namen: Jesus Christus (...) Von nun an kann weder von Gott noch von der Welt recht geredet werden ohne von Jesus Christus zu reden. Alle Wirklichkeitsbegriffe, die von ihm absehen, sind Abstraktionen.«[8].

Auch bei Bonhoeffer finden sich, v.a. in den privaten Schriften (Briefen und Tagebuchaufzeichnungen), immer wieder spontane Notizen über Eindrücke, die ein besonderes ästhetisches Erlebnis hinterlassen hat. Eine umfassende literarische, musische und künstlerische Bildung ist fest im bürgerlichen Ideal der Familie Bonhoeffer verankert.[9]

---

[8] *Dietrich Bonhoeffer*, Ethik, DBW 6, *Ilse Tödt / Heinz Eduard Tödt / Ernst Feil / Clifford Green* (Hg.), Gütersloh 1992, 39.
[9] Das, was für Bonhoeffer die ästhetische Qualität von Literatur – wie von Kunst überhaupt – ausmacht, sind »Einfachheit und Klarheit« (*Bonhoeffer*, Widerstand und Ergebung, DBW 8, 71), wie er sie z.B. bei *Stifter* schätzt (vgl. auch a.a.O., 323). Dafür sieht er die Vorliebe seiner Verlobten für Rilke äußerst kritisch (vgl.

Theologisch relevante Überlegungen zur Ästhetik, deren Vergleich mit Adorno sich anbietet, die gleichnishaft für Bonhoeffers Verständnis der Christologie und relevant für sein Verständnis von Glück sind, finden sich in den Gefängnisbriefen im Zusammenhang mit zwei Skulpturen und mit der Musik.

Eine Skulptur hat Bonhoeffer von seiner ersten Studienreise durch Italien an begleitet. Es ist der »Laokoon« im Vatikanischen Museum in Rom: »Als ich da zum ersten Mal den Laokoon sah, durchfuhr mich tatsächlich ein Schrecken, denn er ist unglaublich.«[10] Die ästhetische Rezeption löst eine Erschütterung aus, die Bonhoeffer nicht näher beschreibt oder begründet. Aber die Erinnerung daran trägt er noch knapp 20 Jahre später in sich. So schreibt er am 23.1.1944 an Bethge: »Wenn du den Laokoon wiedersiehst, achte doch mal drauf, ob er (der Kopf des Vaters, C.B.) nicht möglicherweise das Vorbild für spätere Christusbilder ist. Mich hat letztes Mal dieser Schmerzensmann der Antike sehr ergriffen und lange beschäftigt.« (WE 293) Die Erschütterung rührt von der Darstellung und Vergegenwärtigung des größten möglichen menschlichen Elends, von der Notwendigkeit, an diesem Schmerz Anteil zu nehmen. In dieser Hinsicht erfüllt die Laokoon-Gruppe genau das, was für Adorno die Bestimmung von Kunst ist: das Bewusstsein von der Abgründigkeit der Welt wachzuhalten.

Bonhoeffer würde aber darüber hinaus die Erschütterung, die mit der Betrachtung dieser Skulptur einhergeht, insofern auch als heilsam deuten, als sie den Zugang zu einer neuen Tiefendimension des Lebens eröffnet, für das Leid dieser Welt empfindlich macht und damit dem Leben eine neue Fülle verleiht. Wenn Bonhoeffer außerdem im Laokoon ein Vorbild der Darstellungen des leidenden Christus vermutet, so könnte das ein Hinweis darauf sein, dass er in der Darstellung des Schmerzes auch schon die Hoffnung auf seine Überwindung ahnt. Dann wäre auch dieser abgründige Schmerz nicht nur Schmerz, sondern ein Schmerz, der in ein großes, heilvolles Ganzes eingefügt ist.

Über die zweite Skulptur bzw. Skulpturengruppe schreibt Bonhoeffer nach der Betrachtung von Bildern des Magdeburger Doms, die seine Schwester Susanne ihm gebracht hat, am 2.2.1944 an Bethge: »Ich bin ganz begeistert von den Skulpturen, besonders einigen der klugen Jungfrauen. Die Seligkeit, die auf diesen ganz irdischen, fast bäuerlichen Gesichtern liegt, ist wirklich beglückend und ergreifend.« (WE 313) »Seligkeit« meint hier eine neue, transzendente Dimension, die auf den erdverbundenen Gesichtern der Jungfrauen aufscheint, die

---

a.a.O., 214). Überhaupt fließen literarische Empfehlungen und Kritiken immer wieder ein in die Korrespondenz Bonhoeffers mit seinen Eltern, seiner Braut und mit seinem Freund.

[10] Tagebuchnotiz in: *Dietrich Bonhoeffer*, Jugend und Studium 1918–1927, DBW 9, *Hans Pfeifer / Clifford J. Green / Carl-Jürgen Kaltenborn* (Hg.), Gütersloh 2001, 89.

Dimension von Gottes Heil, die schon in der Erwartung des Bräutigams für die Jungfrauen ihren Anfang nimmt. Im Kunstwerk wird diese Dimension des Heils auch für den Betrachter erfahrbar, und das ist für ihn »beglückend und ergreifend«. Das Kunstwerk greift also die Transparenz des Gleichnisses auf das jenseitige Heil hin auf, verkörpert sie neu und lässt den Betrachter ebenso wie den Hörer des Gleichnisses schon jetzt an diesem Heil teilhaben.

Sieben Wochen später (am 26.3.1944) bezieht sich Bonhoeffer noch einmal auf diese Skulptur und spricht ihr eine Schönheit zu, die weder apollinisch noch dionysisch, »weder klassisch noch dämonisch, sondern einfach irdisch ist und ihr ganz eigenes Recht hat; persönlich muß ich sagen, daß für diese Schönheit eigentlich allein mein Herz schlägt.« (WE 367) Der Begriff des »Irdischen« teilt bei Bonhoeffer mit dem Begriff des Weltlichen die gänzlich unvermischte Immanenz, die Bodenhaftung. Im Unterschied zu diesem ist er aber auf die Unterscheidung vom Transzendenten angewiesen und lebt von diesem Gegenüber, das ihm seine besondere Würde und einen eigenen Glanz verleiht. Sieht Adorno im Aufscheinen der Utopie immer auch die Gefahr ihres Missbrauchs und ihrer Korrumpierung, so bringt bei Bonhoeffer die Verschränkung von Immanenz und Transzendenz einen Glanz auf die Materie, der dem Irdischen eine neue, glückvolle Dimension verleiht, die nicht vom Abgrund verschlungen wird, sondern, im Gegenteil, diesen umfängt.

Noch vielmehr als die Kunst ist es aber die Musik, die entscheidend Bonhoeffers »theologischen Überlegungen ästhetische Kategorien liefert. (...) Durch die Musik wird Bonhoeffer die tiefste ästhetische Erfahrung zuteil, eine unleugbar religiöse, ja mystische und doch tief christologische Erfahrung.«[11] Immer wieder beschreibt Bonhoeffer, wie ihm das Hören eines Musikstückes eine neue, unerwartete Dimension eröffnet, die alles andere unwichtig werden lässt. Besonders eindrücklich erzählt er in einem Brief an die Eltern vom 17.11.1943, wie er als 18-Jähriger beim Hören der h-moll-Messe von Bach sogar das vorangegangene Lob seines Lehrers Harnack völlig vergaß (WE 184).

Es ist Bachs »Kunst der Fuge«, von der aus er zu einem neuen Verständnis des fragmentarischen Charakter des Lebens gelangt (vgl. WE 336). Das »o bone Jesu« von Schütz gewinnt für Bonhoeffer eine besondere Bedeutung. In »seiner ekstatischen, sehnsüchtigen und doch so reinen Andacht« kommt für ihn »die ›Wiederbringung‹ alles irdischen Verlangens« (WE 247) zum Ausdruck. In der Musik werden Fragmente, einzelne Töne, so miteinander verwoben, dass in dem entstehenden Ganzen das Vergangene im neuen Licht eines ganz anderen erscheinen bzw. dass die bekannten Töne von einem neuen Klang um-

---

[11] *John W. de Gruchy*, Bonhoeffer und die Wiedergewinnung der ästhetischen Existenz, in: Bonhoeffer Jahrbuch 2003, Gütersloh 2003, 51–73: 56.

hüllt sind und im Nachhinein selber einen neuen Klang erhalten. Durch die Metapher der Musik wird deutlich, dass auch im *Noch Nicht* die Erfüllung *schon jetzt* antizipiert ist, so, wie die Klänge der Musik schon jetzt eine neue, noch nicht gegenwärtige Welt gegenwärtig werden lassen.

Anders als in der ästhetischen Rezeption Adornos kommt bei Bonhoeffer im Hören von Musik nicht eine unerreichbare Utopie in die Gegenwart als einzige Wirklichkeit, sondern zwei gegenwärtige Wirklichkeiten werden miteinander verschränkt, unvermischt und ungetrennt. Die ästhetische Rezeption kann als Gleichnis für die Christuswirklichkeit gedeutet werden. In dieser neuen Wirklichkeit weiß der Mensch um seine Abgründigkeit und zugleich um seine hoffnungsfrohe Bestimmung, um sein *simul iustus et peccator*, und in beidem weiß er sich von Gott angenommen und vor ihm gerechtfertigt. Das birgt Glück.

Die ästhetische Rezeption kann zwar auch für Adorno einen Hoffnungsschimmer enthalten, aber der Focus liegt auf dem Bewusstwerden der Abgründigkeit. Auch bleibt in der Verhältnisbestimmung von Utopie und Gegenwart ein Bruch, der denkerisch nicht zu überwinden ist und nicht überwunden werden soll, damit die kritische Kraft der Utopie bewahrt bleibt.

Bonhoeffer geht es in der Christologie gerade um die Überwindung des Bruches zwischen Gott und Welt. Es geht darum, wie die »Wirklichkeit in Christus als jetzt gegenwärtige wirke beziehungsweise wie in ihr zu leben sei. Es geht darum, *an der Wirklichkeit Gottes und der Welt in Jesus Christus heute teilzuhaben*« (E 39; kursiv D.B.). Freilich ist die Verhältnisbestimmung von Weltwirklichkeit und Christuswirklichkeit bei Bonhoeffer keine einheitliche und bleibt ein Prozess. Betont er in der »Ethik«, dass es in Christus nur noch *eine* Wirklichkeit gibt, die Welt- und Gotteswirklichkeit umfängt (vgl. E 43), erstere dann auch ohne ihr Wissen und ggf. sogar gegen ihren Willen, so lässt der in den späten Haftbriefen bedeutsame Begriff der Mündigkeit der Welt diese Verhältnisbestimmung komplexer werden: Ist die »mündig gewordene Welt« (WE 477) zwar nicht losgelöst von Christus, so ist sie doch frei, unabhängig von ihm zu leben und ihr (berechtigtes) Glück zu suchen.

Bei aller Skepsis Adornos gegen ein unkorrumpiertes, gegenwärtiges Glück gibt es einen Aphorismus in den »Minima Moralia«, überschrieben mit »*Heliotrop*«[12], in dem er Bonhoeffers Gedanken der Christuswirklichkeit strukturell erstaunlich nahe kommt. Durch einen »Logierbesuch« wird die häuslich-beschränkte, bislang auch einengende und die Fantasie des Kindes unterbindende Realität verschränkt

---

12 *Theodor W. Adorno*, Minima Moralia, Gesammelte Schriften Bd. 4, *R. Tiedemann* (Hg.), Darmstadt 1998, 201ff.

mit der Realität der weiten, freien, verheißungsvollen Welt. Die Faszination des Logierbesuches rührt nicht nur daher, dass er sich vom grauen, unglücklichen Alltag abhebt. Durch den Besuch wird innerhalb der Familie die Generationenschranke aufgehoben und Versöhnung gestiftet, eine ganz andere Atmosphäre breitet sich aus. Die häusliche Gegenwart bleibt also bestehen, wird aber durch den von außen Kommenden doch gänzlich verändert; dem Kind eröffnet sich die Ahnung des Transzendenten. Adorno gebraucht hier ein geradezu messianisches Vokabular: Die Freude über den Besuch gilt »dem verwandelten Leben.« (MM 201) »Der eine Besuch weiht den Donnerstag zum Fest, in dessen Rauschen man mit der ganzen Menschheit zu Tische zu sitzen meint. Denn der Gast kommt von weither. Sein Erscheinen verspricht dem Kind das Jenseits der Familie und gemahnt es daran, dass diese nicht das letzte sei.« (MM 202)

Der Logierbesuch eröffnet dem Kind eine Welt des Glücks, indem er den Weg zu unterdrückten Sehnsüchten neu öffnet: »Die Sehnsucht ins ungestalte Glück, in den Teichen der Salamander und Störche, die das Kind mühsam zu bändigen lernte (...) – hier findet es ohne Angst nun sie wieder.« (MM 202)

Analoges lässt sich von der Christuswirklichkeit sagen: durch sie erscheint die Weltwirklichkeit, die als solche fortbesteht, in einem neuen Licht. Freilich ist die Transzendenz, die der Logierbesuch in die häusliche Wirklichkeit einbringt, eine der Welt immanente und ephemere, während die Christuswirklichkeit von der Transzendenz Gottes her konstituiert wird und nichts von ihrer Wirkkraft einbüßt. Eine nähere Beschreibung des Logierbesuches – dessen Auftritt durchaus Parallelen zu Christus als Mittler aufweist – erfolgt nicht, und es muss offen bleiben, auf wen oder was diese Gestalt des Mittlers zwischen häuslich-beschränkter und großer weiter Welt anspielt. Die Vermutung, dass es sich um die personifizierte Kunst handeln könnte, ist nahe liegend, aber nicht zu belegen, was wiederum der Ungreifbarkeit der ästhetischen Rezeption im Sinne Adornos entspricht.

Abschließend sei erwähnt, dass die in diesem Aphorismus angedeutete Verwandlung möglicherweise vom Titel her wieder gebrochen wird. Zwar kann mit »Heliotrop« die Pflanzenart gemeint sein, deren Blätter sich nach der Sonne wenden; dann ginge es hier in der Tat um die Möglichkeit der Erfahrung eines Transzendenten (von Licht). Allerdings ist »Heliotrop« auch ein von C.F. Gauß entwickelter Sonnenspiegel, der durch Sichtbarmachung entfernter Vermessungspunkte eine besondere Messgenauigkeit erlaubt. In diesem Sinne verstanden, würde die Erfahrung des »Anderen« nur dazu dienen, die diesseitige Welt genauer zu erfassen, auszumessen und damit wiederum zu begrenzen und zu beherrschen.

2 Glück und Unglück

Die Verschränkung von Glück und Unglück spielt bei beiden Denkern eine wichtige Rolle, allerdings auf sehr unterschiedliche Weise. Ist für Adorno ein innerweltliches Glück, das in der Spannung zwischen Regression und Utopie steht, wenn überhaupt nur durch sein Gegenteil hindurch, als Negation der Negation zu erfahren, so kann für Bonhoeffer in der Nachfolge des Gekreuzigten, in der Annahme des größten Unglücks überhaupt, das glückvolle »Ja« Gottes erfahren werden. In seinen letzten Briefen legitimiert er aber dann auch ein schlichtes weltliches Glück unabhängig von Unglück. Und alle drei, das schlichte weltliche Glück, das weltliche Unglück und das im Unglück erfahrene Glück der Nachfolge, sind umfangen vom Glück der Christuswirklichkeit.

Die von Adorno beschriebene Verschränkung von Glück und Unglück liest sich wie eine Negativfolie zu diesem Gedankengang, denn für ihn können weltliches Glück (das korrumpiert sein muss), weltliches Unglück und das in der ästhetischen Rezeption erahnbare Aufleuchten der Utopie nur in der Negation wurzeln und von ihr umfangen sein: »Ist das Ganze der Bann, das Negative, so bleibt die Negation der Partikularität, die ihren Inbegriff an jenem Ganzen hat, negativ. Ihr Positives wäre allein die bestimmte Negation, Kritik, kein umspringendes Resultat, das Affirmation glücklich in Händen hielte.«[13]

Auch Hoffnung kann keinen anderen Ursprung als die totale Negation haben. Denn: »Alle ›positive‹ Theorie konstituiert nach Adorno Herrschaft und verklärt sie ideologisch. (...) Der in die Negation seiner selbst umgeschlagene Fortschritt als Herrschaft hat zu Auschwitz geführt«[14], wo sich letztlich das Wesen der Geschichte mit seinem grauenvollen, totalen Charakter offenbart. Wenn die Welt in Auschwitz nicht zu Grunde gegangen ist, so liegt das allein daran, dass sich »geschichtliche Determination als metaphysisch zufällig«[15] erweist. So hat sich »die vereitelte Möglichkeit des Anderen zusammengezogen in die, trotz allem die Katastrophe abzuwenden.« (ND 317)

In der ästhetischen Rezeption kann Adorno dann immerhin von einem Glück »des Standhaltens« (ÄT 31) sprechen, das freilich nur durch die Negation der Negation hindurch zu erreichen ist. Denn die praktische Aufgabe der Kunst liegt darin, die Augen für den tatsächlichen Zustand der Welt zu öffnen, die dem totalen Verblendungszusammenhang unterliegt. Damit widersetzt sie sich der Welt, ohne sie zu verän-

---

[13] *Theodor W. Adorno*, Negative Dialektik, Gesammelte Schriften Bd. 6, *R. Tiedemann* (Hg.), Darmstadt 1998, 161.
[14] *Ingo Mörth*, Religionssoziologie als Kritische Theorie, in: *Kl.-F. Daiber / T. Luckmann* (Hg.), Religion in den Gegenwartsströmungen der deutschen Soziologie, München 1983, 38–85: 44f.
[15] A.a.O., 45.

dern oder eine Alternative zu finden. Aber doch liegt in diesem Widersetzen Glück: »Glück an den Kunstwerken wäre allenfalls das Gefühl des Standhaltens, das sie vermitteln. Es gilt dem ästhetischen Bereich als ganzem eher als dem einzelnen Werk.« (ÄT 31) Dieses Glück hat nichts mit ermutigendem Zuspruch zu tun, im Gegenteil: Es lässt die Abgründigkeit der Welt umso deutlicher werden, ohne einen Ausweg zu bieten. Entsprechend kann wahre Kunst nicht bunt sein wie die Gesellschaft und die »Vergnügungsindustrie«[16]. Sie kann sich einzig und allein durch die Farbe Schwarz vermitteln. Alles andere würde die unfassbaren Grausamkeiten, die Menschen einander zufügen, für die Auschwitz der dunkelste Repräsentant ist, ignorieren.[17] Dabei deutet Adorno an, dass Negation, das Schwarze, nicht Selbst- oder Endzweck ist. »so weit, wie es immer noch anders werden kann, mögen auch sie [die Züge der schwarzen Kunst, C.B.] ephemer sein.« (ÄT 66)

Auch für Bonhoeffer sind Glück und Unglück aufs Engste miteinander verwoben. Dabei teilt er in seinen frühen Schriften Adornos Skepsis gegen jede weltliche Suggestion von Glück. Insbesondere in der »Nachfolge« (N) widmet er sich dem Verhältnis von irdischem Glück, Kreuz und Seligkeit. Alles Glück, das unabhängig von der Nachfolge erfahren werden könnte, ist hohl und nichtig und hat angesichts des in der Welt bestehenden Leides keinen Bestand. Nachfolge deutet Bonhoeffer hier radikal als Leiden und Verworfenwerden um Christi willen, als Gekreuzigtwerden mit ihm und so wie er. Dabei ist das Kreuz nicht das »schreckliche Ende eines frommen, glücklichen Lebens«[18] sondern vielmehr das Absterben des alten Menschen und damit der Anfang der echten Gemeinschaft mit Jesus Christus. Seitdem Christus das Leid auf sich genommen hat, ist Leiden nicht mehr Ausdruck für Gottesferne, sondern gerade im Leiden wird die größte Nähe zu Christus erfahren (vgl. N 83).
Nachfolge führt also nicht zu irdischem Glück, sondern mitten ins Leid hinein, aber in der Tiefe dieses Leides wird eine Ahnung von Glückse-

---

[16] Vgl. z.B. *Theodor W. Adorno*, Dialektik der Aufklärung, Gesammelte Schriften 3, *R. Tiedemann* (Hg.), Darmstadt 1998, 162: »Fun ist ein Stahlbad. Die Vergnügungsindustrie verordnet es unablässig. Lachen in ihr wird zum Instrument des Betrugs am Glück. Die Augenblicke des Glücks kennen es nicht«.
[17] »Um inmitten des Äußersten und Finstersten der Realität zu bestehen, müssen die Kunstwerke, die nicht als Zuspruch sich verkaufen wollen, jenem sich gleichmachen. Radikale Kunst heißt soviel wie finstere, von der Grundfarbe schwarz.« (*Theodor W. Adorno*, Ästhetische Theorie, 65) »Das Unrecht, das alle heitere Kunst, vollends die der Unterhaltung begeht, ist wohl eines an den Toten, am akkumulierten und sprachlosen Schmerz« (a.a.O., 66).
[18] Vgl. *Dietrich Bonhoeffer*, Nachfolge, DBW 9, *Martin Kuske / Ilse Tödt* (Hg.), München 1989, 80. Im Folgenden im Text zitiert als N.

ligkeit und Heil erfahren.[19] Der Nachfolgende ist noch nicht selig, aber doch schon »selig gepriesen« (N 148). Die dialektische Verschränkung von Glück und Unglück, von Freude und Leid ist in der Tiefe des Leides, das um Christi willen getragen wird, aufgehoben und überwunden. So wird das Leid zur Seligpreisung, zum Segen.
Gegen diese Deutung würde Adorno sich radikal verwehren, könnte sie doch (wenn auch nicht im Sinne Bonhoeffers) zu einer Idealisierung von Leid missbraucht werden, mit der die Verhältnisse, die das Leid hervorbringen, stabilisiert werden.
Bonhoeffer selbst distanziert sich von dieser Deutung, allerdings aus ganz anderen Gründen. Für ihn gewinnt vielmehr das Alte Testament und die darin selbstverständliche Freude an gelebter Leiblichkeit und materiellem Glück an Bedeutung. Am 28.7.1944 wehrt er sich gegen Bethges Behauptung, »in der Bibel sei von Gesundheit, Glück, Kraft nicht viel die Rede« (WE 548). Er bringt den Begriff des »Segens« als »Zwischenbegriff im AT zwischen Gott und dem Glück« ein: »Gewiß geht es im AT, also z.B. bei den Erzvätern, nicht um das Glück, aber es geht um den Segen Gottes, der alle irdischen Güter in sich schließt. Dieser Segen ist die Inanspruchnahme des irdischen Lebens für Gott und er enthält alle Verheißungen.« (WE 548) So könnte man, im Sinne Bonhoeffers, »Glück« bezeichnen als das *frui* irdischer Güter unabhängig von Gott, während durch den Segen zum Ausdruck kommt, dass alle irdischen Güter unter Gottes Hand gestellt sind.
Besonders eindringlich ist Bonhoeffers Kritik an einer christlichen Tendenz zur Weltflucht bereits in einem Brief an Bethge vom 18.12.1943. Dass diese Welt nicht die letzte Heimat ist, das soll nur als »Allerletztes« feststehen und darf dem Vorletzten nicht seine Bedeutung nehmen, im Gegenteil. Gott ist hier und jetzt gegenwärtig und im Hier und Jetzt zu finden. Die Gaben der Gegenwart dürfen nicht um einer ferneren Verheißung willen verpönt werden:

»[D]aß ein Mensch in den Armen seiner Frau sich nach dem Jenseits sehnen soll, das ist milde gesagt eine Geschmacklosigkeit und jedenfalls nicht Gottes Wille. Man soll Gott in dem finden und lieben, was er uns gerade gibt; wenn es Gott gefällt, uns ein überwältigendes irdisches Glück genießen zu lassen, dann soll man nicht frömmer sein als

---

[19] Hier zeigt sich eine deutliche Entwicklung gegenüber Bonhoeffers Gemeindevortrag in Barcelona mit dem Titel »Die Tragödie des Prophetentums und ihr bleibender Sinn« (*Dietrich Bonhoeffer*, Barcelona, Berlin, Amerika 1928–1931, DBW 10, R. Staats / H.Ch. von Hase [Hg.], München 1991, 285–296), in dem Nachfolge als reines Leiden, ohne irgendeine Aussicht auf Trost, und Gott ausdrücklich als Zerstörer weltlichen Glückes dargestellt wird: »Wer sich einmal von Gott hat locken lassen, der wird mit seiner Lebensführung nicht mehr so ganz froh, so ganz sorglos, so ganz frei; die Gottesnähe ist der Feind der Harmonie, des Glücks, des äußeren wie des inneren, der Gottesanspruch ist der Zerstörer der Zufriedenheit, des Seelenfriedens« [a.a.O., 294]).

Gott und dieses Glück durch übermütige Gedanken und Herausforderungen und durch eine wildgewordene religiöse Phantasie, die an dem, was Gott gibt, nie genug haben kann, dieses Glück wurmstichig werden lassen (WE 244)«.

Auch wehrt sich Bonhoeffer gegen eine von ihm als methodistisch bezeichnete Theologie, die, genau wie die Psychotherapie, dem »sicheren, zufriedenen, glücklichen Menschen« erst klarmache, dass er in Wirklichkeit »unglücklich und verzweifelt« sei (Brief vom 8.6.1944; WE 478). Mit der Heilung, die nur sie bringen können, versprechen Psychotherapie und methodistische Theologie ein Glück, das der normale, gesunde Mensch schon längst habe, solange er es sich durch derartige Strömungen nicht nehmen lasse.

In seinem Romanfragment »... als sollte ich auf dem Meer wandeln« entlarvt Bonhoeffer die Suche nach dem Unglück als heroische Modeerscheinung. Das wird deutlich im Gespräch zwischen dem Major, in dem der Autor die bürgerlichen Ideale seines Elternhauses verkörpert, und dem jungen Christoph, der wohl für den verbreiteten Zeitgeist steht und gegen das bürgerliche Ideal rebelliert. So verteidigt dieser Christoph in einem heftigen Plädoyer die aristotelische bzw. von Nietzsche neu interpretierte und aktualisierte Unterscheidung von Herrenmenschen und Sklavenmenschen. Es brauche eine Elite, die der dummen Masse zeigt, wo es lang geht, die für ihre Sache kämpft und das gemeine Volk für diesen Kampf einspannt. Für diese Herrenmenschen, »für die Freien, die Elite, die Führung darf nicht die Liebe zum Leben und das Glück der letzte Maßstab sein. Ein unglücklicher Mensch ist besser als ein glückliches Haustier«.[20]

Diese Aussage könnte in die Nähe Adornos gerückt werden. Unglücklichsein ist für ihn besser als Glücklichsein, weil glücklich nur der sein kann, der nicht über die Situation der Welt aufgeklärt ist. Allerdings sollen sich für Adorno die, die die Mechanismen der Korruption durchschauen, fernhalten von jeder Führung und Verantwortung, da sie sich damit nur zum Teil des Systems machen würden, während der Christoph Bonhoeffers, in nietzscheanischer Tradition, gerade dieses System aufrechterhalten will, auch zum Wohl der Sklavenmenschen, die deshalb glücklich sein können, weil sie sich nur um ihren eigenen kleinen Ausschnitt der Welt zu kümmern brauchen.

Das Plädoyer Christophs veranlasst den Major zu einer Zurechtweisung, die wohl Bonhoeffers eigener Überzeugung entspricht. Er wehrt sich gegen eine Verachtung des Glücks im Namen eines höheren Ideals und gegen das Kokettieren mit dem Unglück.

»Unglücklich werden – das ist Schickung; aber unglücklich sein wollen – das ist Lästerung und eine schwere Krankheit der Seele. Die Men-

---

[20] *Dietrich Bonhoeffer*, Berlin 1932–1933 (DBW 12), *C. Nicolaisen / E.-A. Scharffenorth* (Hg.), Gütersloh 1997, 182f.

schen haben sich an Glück überfressen, nun schielen sie zur Abwechselung und aus Neugier nach dem Unglück. Ich kann mir nichts Satteres und (...) nichts Bürgerlicheres denken als das Liebäugeln mit dem Unglück. Es ist ein gefährliches Produkt der Langeweile – und der tiefen Undankbarkeit.«[21]

Das Glück, das dem Einzelnen geschenkt wird, ist ein Zeichen der »Freundlichkeit Gottes«. Wer es verachtet und stattdessen das Unglück sucht, statt beides, Glück und Unglück, aus seiner Hand zu nehmen, der leidet entweder an einer seelischen Krankheit[22], oder er verachtet Gott und ist undankbar.

Hier deutet sich eine enge Verschränkung von Glück und Unglück an, die Bonhoeffer im Mai 1944 in zwei zeitnah verfassten kurzen Schriften unterschiedlicher Gattung explizit thematisiert. Es ist zum einen eine für Renate und Eberhard Bethge verfasste Meditation über die Losungen der Pfingsttage 1944, und zum anderen das Gedicht »Glück und Unglück«.

Nach der Taufe ihres Sohnes verbringen Eberhard und Renate Bethge noch die Pfingsttage zusammen, bevor er an die Front zurück muss. In diese Situation hinein schickt Bonhoeffer ihnen eine Auslegung zu den Losungen der Pfingsttage. So schreibt er zum 28.5.1944, zu Jes 57,18 und Gal 4,6:

»Gott will uns leiten. Nicht alle Wege des Menschen sind Gottes Führung; wir können lange auf eigenen Wegen gehen; auf ihnen sind wir ein Spielball des Zufalls, ob er uns Glück oder Unglück bringt. Die eigenen Wege führen im Kreis immer zu uns selbst zurück. Aber wenn Gott unsere Wege leitet, dann führen sie zu ihm. Gottes Wege führen zu Gott. Gott leitet uns durch Glück und Unglück – immer nur zu Gott. Daran erkennen wir Gottes Wege.«[23]

Glück und Unglück sind hier dargestellt als Gegebenheiten, die nicht per se von Gott kommen. Die entscheidende Frage ist, wie der Mensch ihnen begegnet, ob unabhängig von Gott, dann handelt es sich bei allen Geschehen um Zufall oder Schicksal; oder als von Gott Geleiteter, dann sind Glück und Unglück Teil von Gottes Weg mit ihm, und diese führen zu Gott zurück. Durch seine Haltung Gott gegenüber wird der Mensch also nicht sein äußeres Ergehen verändern, wohl aber das Licht, das darauf fällt, und das Ziel, zu dem es führt.

---

21 A.a.O., 184f.
22 Von einer Krankheit in diesem Sinn spricht Bonhoeffer schon in »Schöpfung und Fall«: »wo das Leidvolle schlechthin den Menschen zu erfassen vermag, sodaß dem Menschen im Leidvollen gänzlich vernichtet ist, dort ist der Mensch der Krankheit des Geistes, die wir Melancholie nennen, verfallen« (*Dietrich Bonhoeffer*, Schöpfung und Fall, DBW 3, *Martin Rüter / Ilse Tödt* (Hg.), Gütersloh 2001, 83).
23 *Dietrich Bonhoeffer*, Konspiration und Haft 1940–1945, DBW 16, *Jørgen Glenthøj* u.a. (Hg.), Gütersloh 1996, 651.

Zur Losung des 30.05.1944, aus 1. Mose 39,23: »Der Herr war mit Joseph, und was er tat, dazu gab der Herr Glück«, schreibt Bonhoeffer: »Einige seiner Kinder segnet Gott mit Glück (...). Andere seiner Kinder segnet Gott mit Leid bis zum Martyrium. Gott verbündet sich mit Glück und Unglück, um Menschen auf seinen Weg und zu seinem Ziel zu führen. Der Weg heißt: halten der Gebote Gottes und das Ziel heißt: wir bleiben in Gott und Gott bleibt in uns. Glück und Unglück kommen zu ihrer Erfüllung in der Seligkeit dieses Zieles: wir in Gott, Gott in uns; und der Weg zu diesem Ziel, das Gehen in den Geboten Gottes, ist schon der Beginn der Seligkeit.«[24]
Anders als zwei Tage zuvor beschreibt Bonhoeffer Glück und Unglück nun als Schickungen Gottes, unabhängig von der Glaubenshaltung der Betroffenen. Glück und Unglück sind darin miteinander verbunden, dass sie auf ein gemeinsames Ziel zulaufen: Gott. Auch hier betont Bonhoeffer, dass es weniger auf die äußeren Umstände des Lebens ankommt als vielmehr darauf, *wie* sie getragen werden und ob das Ziel dabei im Blick bleibt. In diesem gemeinsamen Ziel sind auch Bethge und Bonhoeffer trotz der Unterschiedlichkeit ihrer Wege aufs Engste verbunden.[25]
Bemerkenswert ist Bonhoeffers Verständnis von Segen an dieser Stelle. Gottes Segen wirkt analog sowohl durch das Glück als auch durch das Martyrium, er umschließt Glück und Kreuz gleichermaßen und kann durch beides Gottes Seligkeit wirken.[26] Im Segen Gottes, der beide zu einem guten Ziel führt, sind die Unterschiede zwischen Glück und Unglück aufgehoben. Das, was Glück und Unglück gleichermaßen durchwebt, wirkt schon jetzt ein umfassendes, höheres Glück, die Christuswirklichkeit, in der die Seligkeit antizipiert ist.
Etwa um die gleiche Zeit, im Mai/Juni 1944, verfasst Bonhoeffer das Gedicht »Glück und Unglück«, das er Bethge übersendet. »Gott« wird in diesem Gedicht nicht genannt, dafür wird eine namenlose Dimension des Transzendenten aufgezeigt. Beides, Glück und Unglück, bricht wie aus einer anderen Welt, »wie Meteore, aus überirdischer Ferne geschleudert« (WE 493). Beides trifft willkürlich und wirkt zerstörerisch, weil angesichts des hereinbrechenden ganz Anderen alles Bisherige in seiner Glanzlosigkeit und emotionalen Armut offenbar wird und seine Struktur verliert. Die Betroffenen sind überwältigt, paralysiert. Es kann kein Weg mehr gegangen werden, weder der eigene noch der mit Gott. Damit ist eine Anknüpfung an die Losung vom

---

[24] A.a.O. 654f.
[25] Vgl. *Jürgen Henkys*, Geheimnis der Freiheit. Die Gedichte Dietrich Bonhoeffers aus der Haft. Biographie – Poesie – Theologie, Gütersloh 2005, 116.
[26] Wenn Bonhoeffer am 28.7.1944 schreibt, dass »im AT. der Segen auch das Kreuz, im NT. das Kreuz auch den Segen in sich schließt« (Bonhoeffer, Widerstand und Ergebung, 549), so kann das als theologische Präzisierung verstanden werden.

28. Mai – die doch in zeitlicher Nähe entstanden sein muss – hinfällig. Auch ist die Bewegung eine ganz gegenläufige zu der in der Losungsauslegung vom 30. Mai: Waren dort Glück und Unglück von ihrem Ziel her vereint, so sind sie es hier von ihrem Ursprung und von ihrer Wirkung her.

»Ungeschieden scheint aus dem Ewigen eins und das andre zu kommen. Groß und schrecklich ist beides.« Wer Glück oder Unglück erfährt, wird in eine neue Sphäre erhoben.

Stehen die Betroffenen wie paralysiert, so kommen nun die Schaulustigen, die selber nur noch einen Hauch des ganz Anderen empfinden und diesen begaffen, »halb neidisch, halb schauernd« (WE 493f).

Die Zeit bringt Ernüchterung, Gewöhnung, und damit verschwimmen Glück und Unglück. Der überirdische Glanz wird eingeholt in den Alltag, in dem die Auswirkungen spürbar werden. Und es sind die Auswirkungen des Unglücks, die Bonhoeffer, seiner eigenen Situation entsprechend, im zweiten Teil des Gedichtes beschreibt.

Betonte Bonhoeffer in der Auslegung der Losungen, dass es am eigenen Umgang mit Glück und Unglück bzw. am Festhalten an Gottes Willen in jeglicher Situation liegt, ob das Ziel klar vor Augen bleibt und damit auch schon in die Gegenwart hineinleuchtet, so hängt es nun an »der Mutter und der Geliebten«, an der Gegenwart »des Freundes und des Bruders« (WE 494), ob das Unglück in den Abgrund führt oder ob das Licht des ganz Anderen, das mit ihm in die Welt eingebrochen ist, das ganze Geschehen verwandelt und transzendiert. In der so erstehenden neuen Wirklichkeit würde eine neue, Glück und Unglück umfassende Wirklichkeit des Glücks entstehen, die, in Analogie zur Christuswirklichkeit, als Wirklichkeit der Treue oder der Liebe, als Segen bezeichnet werden könnte.[27]

Hier wird deutlich, wie Bonhoeffer sowohl von seiner Frömmigkeit als auch von einer glaubensunabhängigen Weltwirklichkeit her das gleiche Thema – »Glück und Unglück« – mit einer je passenden Textgattung (Schriftauslegung und Gedicht) durchdenken und in der Unterschiedlichkeit der Aussagerichtungen stehen lassen kann. Geht es in der Losungsauslegung darum, Gott in Glück und Unglück die Treue zu halten, Glück und Unglück ganz in seine Hand zu legen und dadurch teilzuhaben an der Christuswirklichkeit und dem mit ihr verbundenen umfassenden Glück, so ist am Ende des Gedichtes eine ähnliche Struktur auf die zwischenmenschliche Beziehung verlagert. Indem der geliebte Mensch dem Betroffenen im (Glück und) Unglück die Treue

---

[27] Zur Freundschaft und ihrer Bedeutung als Spielraum der Freiheit vgl. *Eberhard Bethge*, Der Freund Dietrich Bonhoeffer und seine theologische Konzeption der Freundschaft, in: *Ch. Gremmels / W. Huber* (Hg.), Theologie und Freundschaft. Wechselwirkungen »Eberhard Bethge und Dietrich Bonhoeffer«, Gütersloh 1994, 29–50: 43ff.

hält, kann er ihm inmitten dessen, was das Schicksal bewirkt hat, eine neue Wirklichkeit eröffnen.[28]

Es gibt m.W. nur noch ein weiteres Schriftstück Bonhoeffers, in dem er Glück und Unglück bzw. glücklich/unglücklich sein explizit zum Thema macht, und zwar in seinem wohl letzten Brief an die Verlobte vom 19.12.44: »Du darfst also nicht denken, ich sei unglücklich. Was heißt denn überhaupt glücklich und unglücklich? Es hängt ja so wenig von den Umständen ab, sondern eigentlich nur von dem, was im Menschen vorgeht.«[29] Diese Zeilen lassen sich einerseits aus der Perspektive der Frömmigkeit lesen: Nicht die äußeren Umstände, sondern die Frage, wie der Mensch vor und mit Gott damit umgeht, entscheiden über Glück und Unglück. Andererseits können sie auch aus der glaubensunabhängigen Perspektive heraus gelesen werden: Es hängt allein vom Menschen selbst ab, nicht von den Umständen, ob er glücklich oder unglücklich ist. Bonhoeffer betont im Folgenden, wie sehr für ihn die Verbundenheit mit den Lieben seine Situation zu einer glücklichen macht. Glaubensunabhängig gesprochen: weil sie an ihn denken; von der Frömmigkeit her gesprochen: weil sie im Gebet und durch gemeinsame Bibelworte mit ihm verbunden sind. Die Zeilen sind transparent auf beide Aussagerichtungen hin und gewinnen ihre Tiefe dadurch, dass keine von beiden ausgeschlossen werden darf. So konkretisieren diese Zeilen die Bedeutung von Glück, das gelebt wird vor und mit Gott und als gäbe es Gott nicht.

3   Adornos Beitrag zur Interpretation von Bonhoeffers Glücksverständnis

Für die Rekonstruktion von Bonhoeffers überwiegend implizitem, in seinen letzten Schriften auch explizit werdendem Verständnis von Glück leistet eine Gegenlektüre von Adorno her wichtige Hilfestellungen. Die nach Adorno in der ästhetischen Rezeption geschehende Verschränkung von Utopie und Wirklichkeit, von Leid und Glück, trägt durch ihre strukturelle Analogie zur Christuswirklichkeit zu deren philosophischer Flankierung bei und erlaubt es, die ästhetische Rezeption, wie sie Bonhoeffer beschreibt, in ihrer Gleichnishaftigkeit für die Christologie genauer zu erfassen.

Indem Adorno die – wenn auch nur ganz punktuell und ephemer aufblitzende – verwandelnde Kraft der Utopie in anderen als religiösen Begrifflichkeiten beschreibt, weist er Wege zu einer möglichen nicht-

---

[28] Vgl. *Johann Christoph Hampe*, Dietrich Bonhoeffer, Von Guten Mächten. Gebete und Gedichte, München 1976, 48.
[29] *Dietrich Bonhoeffer*, Brautbriefe Zelle 92. *Dietrich Bonhoeffer*, Maria von Wedemeyer 1943–1945, *Ruth-Alice von Bismarck / Ulrich Kabitz* (Hg.), München 1994, 208.

Christuswirklichkeit und ästhetische Rezeption 117

religiösen Interpretation der Christuswirklichkeit, in der ein Glück in christlicher Perspektive zu verorten ist.

Einen weiteren wichtigen Beitrag in der Interpretation von Bonhoeffers Verständnis von Glück leistet Adorno schon *via negativa*, d.h. in dem Widerspruch, den er provoziert. In immer wieder anderen Begründungszusammenhängen zeigt Adorno, ganz besonders in seinen frühen Schriften, die Unmöglichkeit von Glück bzw. von »wahrem Glück« auf. Auch wenn er sich in späteren Jahren im Zusammenhang mit der ästhetischen Rezeption dem Glück noch einmal neu zu nähern wagt, so bleibt dessen Entzogenheit bzw. die Korrumpiertheit des erfahrenen Glückes stets der Grundtenor. Die Tatsache, dass Adorno selbst diese Skepsis gegen das Glück nicht durchhält, fordert dazu heraus, nach einer anderen Deutung zu suchen als der pauschalen Verurteilung alles real erfahrenen Glückes als falsches. Vor dem Hintergrund der Suche nach dieser anderen Deutung gewinnt Bonhoeffers meist implizite Konzeption von Glück an Profil, da sie die Abgründigkeit der Welt radikal ernst nimmt, ohne die in ihr zu findenden Freuden zu negieren. Vielmehr gelangt Bonhoeffer auch und gerade angesichts dieser Abgründigkeit zu einer wachsenden Wertschätzung des alltäglichen Glücks. Es gelingt Bonhoeffer, Glück und Unglück der Welt gleichermaßen in ihrer Tiefendimension zur Geltung kommen zu lassen und in den segensvollen Horizont der Christuswirklichkeit, in der Welt- und Gotteswirklichkeit ebenfalls in ihrer ganzen Tiefe, unvermischt und unverwandelt miteinander verschränkt sind, hineinzustellen.

Adornos Beitrag *via negativa* hat auch einen wichtigen konstruktiven Aspekt: Für Bonhoeffer befreit Gottes Ja zum Menschen auch angesichts seiner Schuld und durch das Gericht hindurch dazu, Verantwortung zu übernehmen, und befähigt den Menschen, in der Welt zu handeln. Sosehr Adornos Ansatz dagegen die Gefahr der Resignation in sich birgt, sosehr kann eine Auseinandersetzung mit ihm und ein Ernstnehmen seiner Beschreibung der Negativität der Welt doch auch davor bewahren, das »Schwarz«, das Leid und die Schuld vorschnell hinter sich zu lassen und die Gnade »billig« werden zu lassen.

In Bezug auf das persönliche Ergehen beschränkt sich Bonhoeffer auf eine rein theologische Bewältigung der Gegenwart, die die Gefahr der Weiterinterpretation mit einer vorschnellen Idealisierung persönlichen Leidens bis hin zum Märtyrertod nicht ausschließt[30]. Hier kann die

---

30 Obgleich Bonhoeffer mit großer Schärfe die Abgründe seiner Zeit wahrnimmt und die Übernahme von Verantwortung für ihn theologisch unumgänglich ist, gibt es ferner Stellen, in denen er aus seelsorglichem Anliegen unter dem Begriff der guten Führung Gottes oder aus dem schöpfungstheologischen Anliegen der letztlichen Durchsetzung von Gottes Willen Tendenzen eines Geschichtsoptimismus zeigt, die, isoliert gelesen, zu einer unkritischen Akzeptanz des Vorfindlichen und der gesellschaftlichen Entwicklungen führen könnten. So etwa, wenn er den Solda-

Lektüre Adornos als Mahnung gegen ein Sich-Abfinden und ein Unrecht perpetuierendes Sich-Fügen hilfreich sein. In Bezug auf das Glück bedeutet das, dass mit Hilfe Adornos die Dialektik, die Bonhoeffer zwischen weltlichen Glücks- und Unglückserfahrungen einerseits und dem beides umfassenden Glück der Christuswirklichkeit andererseits aufbaut, bewahrt und vertieft wird, statt sie vorschnell in Letzteres hinein aufzulösen, wodurch das Glück der Christuswirklichkeit verflachen würde.

tentod von Hans-Friedrich von Kleist-Retzow auf dessen Trauerfeier 1941 als »Ruf Gottes« deutet (*Dietrich Bonhoeffer*, Konspiration und Haft 1940–1945 [DBW 16], *J. Glenthøj u.a.* [Hg.], Gütersloh 1996, 640–649). Vgl. *Günter Thomas*, Neue Schöpfung. Systematisch-theologische Untersuchung zur Hoffnung auf das »Leben in der zukünftigen Welt«, Neukirchen-Vluyn 2009, 357.
Ebenso ist es problematisch, wenn Bonhoeffer Leid als göttliche Pädagogik interpretiert: Der Mensch wird erzogen durch »Gottes Schläge und Gottes Gesetz«, d.h. durch »schwere Lebenserfahrung, durch Krieg und Entbehrung«. Er muss lernen, die »Züchtigung (...) in der Erziehung Gottes« zu ertragen, um darin »die Hand des lieben Vaters« zu erkennen und zu bekennen: »wohl dem, dem das widerfährt« (*Bonhoeffer*, Konspiration, DBW 16, 652). Eine Gegenlektüre von Adorno her macht die interpretatorischen Schranken solcher Sätze äußerst deutlich. Vgl. *Wolf Krötke*, ›Gottes Hand und Führung‹. Zu einem unübersehbaren Merkmal der Rede Dietrich Bonhoeffers von Gott in der Zeit des Widerstandes, in: Bonhoeffer Rundbrief. Mitteilungen der Internationalen Bonhoeffer-Gesellschaft Sektion Bundesrepublik, Nr. 70 (Febr. 2003), 22–41, 23.

PIET NAUDÉ

Modelle von Glückseligkeit

Eine südafrikanische Perspektive[1]

Einleitung

Das Thema Glückseligkeit ist komplex und kann von einer Reihe akademischer Fächer her behandelt werden, wie der Religionswissenschaft, Philosophie, Theologie, Soziologie, Psychologie, Wirtschaftswissenschaft und Ethik.[2] In jedem dieser Fächer gibt es eine Bandbreite von Ansätzen, diesen Gegenstand zu behandeln. Jede dieser fachspezifischen Perspektiven hat über kurz oder lang eine Entwicklung durchgemacht. In diesem Beitrag soll mit einem theologischen und philosophischen Ansatz versucht werden, verschiedene Modelle von Glückseligkeit zu beschreiben, wie sie im Kontext Südafrikas entwickelt wurden.
Während »happiness« heute im Englischen als eine breite humanistische Kategorie benutzt wird, die sich auf einen positiven Geisteszustand oder eine Zufriedenheit mit dem Leben bezieht, wird der Begriff »blessedness« (*selig* auf deutsch, *makarios* auf griechisch und *welgeluksalig* in Afrikaans) normalerweise nur im Kontext von Religion gebraucht und dort biblisch oder christlich als freudige, lebendige Beziehung zu Gott verstanden.
Es gibt verschiedene theologische Ansätze, Glück und Seligkeit zueinander in Beziehung zu setzen. Einmal können beide in Dualität zueinander oder Trennung voneinander verstanden werden, wobei Seligkeit als der wahre, gottgegebene Stand betont wird, der gerade durch den Verzicht auf weltliche Zufriedenheit und Glück zu erreichen ist. Dann gibt es die scholastische Aufteilung in Glück, das Menschen durch ihre eigenen (i.e. natürlichen) Anstrengungen suchen, und »übernatürliche« Erlösung oder Seligkeit, die als Geschenk Gottes gesehen wird. Im anderen Extrem der Bandbreite gibt es innerweltliche »Heilslehren«, die Glück (interpretiert als physische Gesundheit und materieller Wohlstand) mit Seligkeit verschmelzen. Glück wird dann als Belohnung Gottes gesehen, fehlendes Glück als Folge eines Mangels an Glauben.

---

1 Ins Deutsche übersetzt von *Florian Höhne*.
2 Vgl. zu der Diskussion über Glück: Art. Glück, in: Lexikon für Theologie und Kirche (LThK), Band 4, 1995, 757–761; und: Art. Glück/Glückseligkeit in: RGG 3, 2000, 1015–1021.

In einer allgemein reformierten Perspektive (die ich selbst vertrete) ist Glück nicht von Seligkeit zu trennen, aber auch nicht mit ihr zu verschmelzen. Die Trennung führt zu einer Dichotomie von Alltagsleben und Glaubensleben, die der Herrschaft Christi über alle Realität widerspricht. Solch eine Trennung reduziert Seligkeit auf eine ausschließlich innerliche und/oder transzendente Idee sowie Glück auf Immanenz und auf die Wechselfälle weltlichen Lebens. Eine Verschmelzung beider verliert (auf der anderen Seite) den kritischen, eschatologischen Blick, der immer unsere besten Konzeptionen eines erfüllten Lebens transzendiert. *Geluk* (Glück) steht in Afrikaans in der Mitte des Wortes *welgeluk -salig* und stellt damit eine integrale Beziehung zwischen Wohlbefinden, Glück und Seligkeit her.

Was ist ein Modell?[3] Nach dem hier zugrundeliegenden Verständnis ist ein Modell eine Abstraktion von typischen Merkmalen einer gegebenen Realität, die vorgenommen wird, um diese Realität in verständlicheren Begriffen darzustellen. Modelle sind ihrem Wesen nach Abstraktionen. Sie entstehen aus Verallgemeinerungen, welche von den am klarsten hervorstechenden Merkmalen einer wahrgenommenen Realität abgeleitet werden. Modelle stehen nicht in einer direkten Beziehung zu der Realität, die sie erfassen sollen. Als empirische Beschreibungen im naturwissenschaftlichen oder positivistischen Sinne taugen sie nicht. Modelle müssen stattdessen als heuristische Werkzeuge verstanden werden, die uns helfen, komplexe Realitäten zu deuten.[4]

Dieser Beitrag ist ein Werkstattbericht, der von einem (süd-)afrikanischen Standpunkt geschrieben ist. Beschrieben werden vier Modelle, wie Vorstellungen von Glück beziehungsweise Seligkeit konstruiert werden: Die ersten drei stammen aus der jüngsten Zeitgeschichte, das vierte dient als kritische Bewertung in theologischer Perspektive.

1 Das Apartheidsmodell: »Glücklich sind die, die in seliger Segregation leben.«

Die theologischen und philosophischen Wurzeln des Apartheidsmodells liegen in europäischen Ansichten des ausgehenden 19. Jahrhunderts, die von der spezifischen sozio-politischen Geschichte des Afrikaaner-Volkes in Südafrika interpretiert wurden. Diese Wurzeln beinhalten die neo-calvinistische Theologie und Philosophie von Abraham

---

[3] Zu der Diskussion über Idealtypen (Max Weber) und »models« (Max Black, Ian Ramsey) vgl. *David Tracy*, Blessed rage for order. The new pluralism in theology, New York 1978, 22–42, insbesondere Anm. 1.
[4] Will man zwischen Modellen als Bildern (»pictures«) und als Enthüllung (»disclosure«) unterscheiden (Ramsey), so folge ich dem zweiten Verständnis.

Kuyper, die Missionstheorie von Gustav Warneck und den Pietismus (insbesondere schottischer Herkunft).[5]

Die Stärke von Kuypers Theologie war seine Überzeugung, dass sich Christi Herrschaft über alle Sphären des Lebens erstreckt und dass Politik, Bildungssystem und Gesetze alle von einer christlichen Perspektive her entworfen werden sollten (genau deshalb erscheint Kuyper der »Öffentlichen Theologie« zur Zeit und Ende des 20. Jahrhunderts so attraktiv). Die Schwäche war seine Theologie der allgemeinen Gnade,[6] die Pluriformität zu einem Prinzip der Schöpfung machte. Diese Pluriformität wird in verschiedenen Kulturen und Völkern gesehen, die sich gemäß ihrem eigenen Potenzial entwickeln. Pluriformität bezieht sich auch auf die Kirche, wo Menschen mit unterschiedlichen psychologischen Bedürfnissen frei sind, ihre eigenen Kirchen zu gründen, weil die Einheit der Kirche eigentlich eine spirituelle und eschatologische Realität ist. Die Völker der Erde werden nach dem Maß ihrer Teilhabe an der Gnade Gottes in eine hierarchische Ordnung sortiert, wobei die europäischen Völker wegen ihrer Teilhabe an Gottes spezieller Gnade die Spitze bilden.

Die Stärke von Warnecks Missionstheorie[7] war das Gewicht, das diese darauf legte, das Evangelium in die Kultur der Missionierten zu bringen. Allerdings verstand er den Missionsbefehl Jesu (*ta ethne* in Mt 28,19) in ethnischen Kategorien und leitete entsprechend aus der Missionsgeschichte ab, dass eher Völkerbekehrung als Einzelbekehrung die Norm sei. Deshalb wurde Mission [für ihn] die Verbreitung des Evangeliums in einem spezifischen Volk und seiner Kultur mit der daraus folgenden Gründung von auf Volkszugehörigkeit basierenden Kirchen.

Die Stärke des Pietismus war seine Betonung der lebendigen Beziehung zu Gott, der persönlichen Spiritualität und der missionarischen Begeisterung. Pietismus war allgemein eine Reaktion auf religiösen Rationalismus und den Aufstieg liberaler und historisch-kritischer Bibelexegese. Südafrika stand in der zweiten Hälfte des 19. Jahrhunderts unter dem Einfluss insbesondere des schottischen Pietismus (mit berühmten evangelischen Predigern wie Andrew Murray). Die Schwäche des Pietismus[8] war seine Unfähigkeit, eine brauchbare Alternative zur

---

5   Zu der Erörterung dieser Theologien und ihres Einflusses auf Südafrika vgl. *Piet J. Naudé*, Neither calendar nor clock. Perspectives on the Belhar confession, Grand Rapids 2010, 23–44. Siehe dort auch für den Verweis auf weitere Originalbelege.
6   Vgl. die drei holländischen Bände, veröffentlicht unter dem Titel: *Abraham Kuyper*, De gemeene gratie, Amsterdam 1902/1904.
7   Vgl. zu dieser Missionstheorie besonders *D. Gustav Warneck*, Evangelische Missionslehre. Ein missionstheorethischer Versuch, Band 3, Gotha 1897.
8   Für eine genauer Erörterung des Pietismus in Südafrika vgl. *John de Gruchy*, Liberating Reformed Theology. A South African Contribution to a an Ecumenical Debate, Grand Rapids 1991, 24–25.

kritischen Hermeneutik zu entwickeln, genauso wie die Tendenz, die Bibel wörtlich und ahistorisch zu lesen. Mit seinem Fokus auf persönlicher Hingabe war er nicht dazu in der Lage, einen umfassenden Blick für die sozialen Implikationen des Evangeliums zu entwickeln, obwohl nach 1900 eine politisch naive Identifikation mit der Bedrängnis des Afrikaander-Volkes zustande kam.

Diese drei Strömungen fanden fruchtbaren Interpretationsboden im Denken der Afrikaander zwischen 1890 und 1935, besonders nach der Erniedrigung der Afrikaander im britischen Krieg (1899–1902) und dem darauffolgenden Aufstieg des weißen Nationalismus (parallel zum schwarzen Nationalismus, der seinen Ausdruck im »Native Congress« von 1912 fand). Zusammengenommen stellten diese theologischen und philosophischen Hintergründe eine moralische Legitimation der (seit 1881) kirchlichen und später (zwischen 1910 und 1948) politischen Segregation von weißen und schwarzen Menschen als bester praktischer Lösung für die Rassenfragen wie als Ausdruck von Gottes Willen für die Pluriformität von Kulturen in Südafrika bereit.

Das Ergebnis war, dass Weiße ihr Gefühl von Wohlergehen, sozialer Identität und Erfüllung in der Trennung vom schwarzen Menschen fanden. Weil diese Trennung ideologisch in der christlichen Tradition verwurzelt werden konnte, wurde soziales Glück als gottgewollte und »gesegnete« Segregation gesehen. Das offizielle politische Gebäude dieses Glückes wurde schließlich im April 1994 abgerissen, aber Spuren dieses Konzeptes sind im privaten und öffentlichen Leben in Südafrika immer noch offenkundig.

Es ist immer einfacher, Gesetze zu ändern als Herzen umzustimmen.

2   Das traditionelle afrikanische Modell: »Glücklich sind die, die in einer engen vernetzten Gemeinschaft leben.«

Südafrika ist eine vielseitige Nation. Nur Kilometer voneinander entfernt leben Menschen in unterschiedlichen Welten (teilweise ein Überbleibsel der großen Apartheid) und unterschiedlichen Weltanschauungen. (Es gibt in Soweto in der Nähe von Johannesburg immer noch dreimal so viele traditionelle Heiler wie sogenannte »echte« Mediziner.) Es war John Mbiti, der prominent das cartesianische »Cogito ergo sum« von der ihm so genannten Afrikanischen Philosophie des »ubuntu« her hinterfragte. Nachträglich wurde dieser Begriff gedeutet als »Ich bin eine Person durch andere Personen« oder »Ich bin, weil wir sind«.[9] Das Konzept »ubuntu« wurde seitdem in Theolo-

---

[9]   Das genaue Zitat stammt aus Mbitis Erörterung von Verwandtschaft und lautet: »The individual can only say I am, because we are; and since we are, therefore I am. This is the cardinal point in the understanding of the African view of man« (*John Mbiti*, African religions and philosophy, Nairobi 1969, 108).

gie, Politik, Management-Theorie und Ethik breit angewandt und durchdacht.[10]

Stark vereinfacht lässt sich ubuntu mit den folgenden drei miteinander verbundenen Stichworten erklären:

Holismus meint, die Wirklichkeit als Einheit zu verstehen und nicht im Sinne von semiautonomen sozialen oder wissenschaftlichen Bereichen. In manchen traditionellen afrikanischen Sprachen gibt es beispielsweise kein Wort für »Religion«, weil dies eine Abstraktion von und Zergliederung des Lebens unterstellt, die so in jenen Gesellschaften nicht präsent ist. Weil traditionelle Gesellschaften vor-modern (oder besser: a-modern) sind, ist die Idee einer privaten und einer öffentlichen Sphäre nicht so deutlich wahrnehmbar wie in post-aufklärerischen Gesellschaften.

Vitalismus: Das Ganze der Realität ist mit Lebensenergie (*mana*) beseelt, und diese Lebensenergie umgeht jede Person (*siriti*) und jedes Lebewesen. Dieser Gedanke ist ethisch bedeutungsvoll: Gutes zu tun heißt, diese Energie zu fördern; Lebensenergie zu schwächen, ist moralisch negativ. Vitalismus erklärt teilweise auch Traditionen des sozialen Austausches, wie etwa »lobola« (die »Bezahlung« für eine Braut) bei einer Hochzeit: Dass die Braut aus einer Familie herausgenommen wird, muss mit reziprokem »Leben« »ausgeglichen« werden, das zurückfließt.

Kommunitarismus: Leben wird in Gemeinschaften gelebt und ist gekennzeichnet durch ein überreiches Wohlwollen. »Personalität« oder »Individualität« sind in erster Linie, soziale, relationale Ideale. Gehandelt wird in Abstimmung mit und für die Wohlfahrt der Gemeinschaft, die über die Grenzen des Todes hinweg die Ahnen mit einbezieht, mit denen aktiv interagiert wird.

Dieser Idealtyp afrikanischer Glückseligkeit ist in den vergangenen Jahren in (Süd-)Afrika auf verschiedene Art verdorben worden:

Wenn die zunächst als universell vermuteten Grenzen von »ubuntu« (Menschlichkeit) nun entlang ethnischer oder politischen Grenzen gezogen werden, wird ubuntu zu einer verhängnisvollen Philosophie der Ausgrenzung und Entmenschlichung.[11] Wenn der lebensförderliche soziale Austausch zu einem korrupten Kauf von Gefälligkeiten wird, werden öffentliche Ressourcen verschwendet. Wenn das soziale Ideal der Gemeinschaftsförderlichkeit durch die Bereicherung von mächtigen Individuen oder elitären Gruppen ersetzt wird, werden Armut und soziale Marginalisierung verschärft. Wenn ein kommunitäres Verständnis von Glückseligkeit zu einer Ideologie des Kommunitären wird, in der abweichende Stimmen und Gegenmeinungen prinzipiell

---

[10] Vgl. die Arbeit von *Augustin Shutte* zur ubuntu-Ethik (*dies.*, Ubuntu: An ethic for the new South Africa, Pietermaritzburg 2001) und von *Mogobe B. Ramose*, der stärker philosophisch analysiert (*ders.*, African philosophy through ubuntu, Harare 1999).

[11] Zur Bewegung von ubuntu zum »narzisstischen Individualismus« in Südafrika vgl. *Dirk J. Smit*, Essays in public theology. Collected essays I, Stellenbosch 2007, 84.

als verräterisch gesehen werden, werden offene Debatten und Beratung unmöglich, die so berühmt sind im traditionell afrikanischen *imbizo*. Dieses traditionelle afrikanische Modell von »ubuntu« ist (in all seiner Formenvielfalt) in Südafrika noch sehr geläufig, obwohl es öffentlich nicht oft eine Stimme hat, weil viele Afrikaner im Übergang zwischen Lebensmodellen leben und gleichzeitig in zwei (oder mehr) Welten existierend Sinnstiftung erfahren.

3 Das modernistische Modell: »Glücklich ist der ›vernünftige‹ Mensch, der seine eigenen Ziele verfolgt«

In westlicher Philosophie wird Moderne gemeinhin mit René Descartes (»Ich denke, also bin ich«) und Aufklärung mit Immanuel Kant[12] verbunden, der einschlägig festhielt, dass ein mündiger Mensch jemand sei, der seiner selbstverschuldeten Unmündigkeit entkommen ist. Entscheidend für die Reifung ist, den Mut zu haben, sich seines eigenen Verstandes »ohne Leitung eines anderen« zu bedienen. Folgende Schlagworte können deshalb die Moderne kennzeichnen[13]: *Vernunft*, insbesondere individuelle Vernunft, wird als das gesehen, was den Menschen vom Tier unterscheidet. Es entwickelte sich ein starkes Verständnis von *Historizität*, das betonte, dass die Vergangenheit nur durch objektive, rationale Untersuchung der Originalquellen erschlossen werden kann. Mit *Autorität* oder Antiautorität meinte man, dass die traditionellen Quellen von Autorität (König, Kirche, Tradition, Bibel) im Lichte des persönlichen Rechts darauf, die Realität durch individuelle und angeblich objektive Vernunft zu verstehen, in Frage gestellt wurden. *Freiheit*, insbesondere individuelle Freiheit, wird verstanden als Wahlfreiheit in allen Lebensbereichen von Kirche bis zu Politik, Ethik und Wirtschaft.
Nach diesem Verständnis von Glück ist das rationale Streben des Eigeninteresses (wie es allgemein der moderne Kapitalismus entwickelt) moralisch gut, weil dieses Eigeninteresse – selbst ohne es bewusst zu wollen – schließlich zum Gut aller beitragen wird. Individualismus, ein bestimmtes Verständnis des Mannes als »self-made man«, gilt als soziales Ideal (und wird immer noch stark in sexistischen Begriffen konstruiert). Die Entwicklung der Moderne hatte ambivalente Folgen für den Westen und für Südafrika. Niemand kann verleugnen, dass die Moderne

---

12 Vgl. dazu Kants berühmten Aufsatz »Beantwortung der Frage: Was ist Aufklärung?«, zuerst veröffentlicht in: Berlinische Monatsschrift, Dezember 1784, 481–494. Neuerer Nachdruck: *Immanuel Kant*, Ausgewählte kleine Schriften, Hamburg 1999, 20–27.
13 Vgl. *Dirk J. Smit*, Biblical hermeneutics: the first 19 centuries, in: *Simon Maimela / Adrio Konig* (Hg.), Initiation into theology. The rich variety of theology and hermeneutics, Pretoria 1998, 291–296. Dort findet sich eine genaue Beschreibung von »Aufklärung«.

uns enormen Fortschritt in Wissenschaft und Technik gebracht hat, genauso wie wirtschaftliches Wachstum; Bildungsreformen; Demokratien, die Freiheiten garantieren; und Menschenrechte als universelle Orientierung für politische Gerechtigkeit.
Auf der anderen Seite kann die Vernunftbetonung zu einer auf Rationalismus reduzierten Anthropologie und auf Naturwissenschaft und Empirismus reduzierten Erkenntnistheorie werden. Individualität mit einer gewissen Verbindung zu Gemeinschaft kann auf diesem Hintergrund schnell zum selbstbezüglichen und gierigen Individualismus werden. Das gesunde Infragestellen von Autorität kann in manchen Fällen zu prinzipiell autoritätsfeindlichen Einstellungen führen, die große Gräben in sonst stabile von Staat und Zivilgesellschaft bereitgestellte soziale Strukturen aufreißen. Freiheit kann zur Ökonomie rationaler Entscheidungen und zur Konsumfreiheit reduziert werden.
Der demokratische Aufbruch von 1994 in Südafrika kann als Eintauchen in die Moderne verstanden werden. Die Reise in die Aufklärung, für die Europa mehr als ein Jahrhundert gebraucht hat, hatten und haben wir [in Südafrika] noch in ein bis zwei Jahrzehnten zurückzulegen. Viele Menschen in meinem Land mussten den Übergang von einer a-modernen und anti-modernen Welt zu einer modernen und postmodernen in sehr kurzer Zeit und ohne die nötigen sozialen und pädagogischen Unterstützungsprozesse schaffen (und sie versuchen es gerade noch).
Apartheid war ein anti-modernes Konzept. In dem gleichen Jahr (1948), in dem die UN die universelle Erklärung der Menschenrechte akzeptierte, kam die Nationalpartei in Südafrika damit an die Macht, dass sie Schwarzen genau diese Rechte vorenthielt, und sie verschärfte diese Politik bis mindestens in die späten 1980er Jahre. Apartheid wurde auf den Schlagwörtern der Moderne aufgebaut, diese aber jeweils in ihr Gegenteil verkehrt: Begrenzung von Freiheit, ideologisierte Vernunft und Geschichtsschreibung genauso wie nicht infrage gestellte religiöse, militärische und politische Autorität.
Traditionelle Afrikanische Philosophie war und ist ein a-modernes Konzept. Gemeinschaften basieren auf einer Hochachtung von Tradition und Autoritätsfiguren mit begrenzter Freiheit-in-Gemeinschaft; Vorstellungen von Individualität werden stark in Gemeinschaft eingebettet, und es existieren Formen von »Rationalität«, die zur individuellfragenden Vernunft nach Descartes und Kant sowie zur experimentellen Vernunft moderner Wissenschaften in deutlichem Kontrast stehen.
Ja, manche haben die Aufklärung begrüßt und konnten den Übergang relativ sanft gestalten. Andere sahen ihr Modell von Glück, Identität und Wohlbefinden ernsthaft infrage gestellt und in manchen Fällen erschüttert. Dies führte zu sozialer Verwirrung und Anomie (Durkheim), die die Exzesse der Moderne vor Augen führen.
Verantwortungsträger erklären im Freiheitskampf nun, dass sie diesen Kampf nicht zu den Armen getragen haben – vielmehr haben sie das

Bild und Ideal des »self-made-man« begrüßt. Antikolonialisten leben heute mit vorgegebener politischer Freiheit, aber mit der Ironie kolonialisierten Verstandes und kolonialisierter Einstellungen. Menschen, die der Apartheid und ihrer schrecklichen Vergangenheit absagen wollen, müssen Glück und Wohlbefinden rekonstruieren im gleichzeitigen Zwang, alles zu dekonstruieren, das einst sozialen Zusammenhalt schuf. Manche hatten Erfolge; andere suchen Zuflucht in innerem oder tatsächlichem Exil.

Die religiösen Konsequenzen sind unterschiedlich und brachten einen intensiven Pluralismus hervor. Die zwei Extreme markieren einmal diejenigen, die die traditionelle Frömmigkeit und Spiritualität in evangelikalen Kirchen wie Pfingstkirchen begeistert annehmen, und zum anderen diejenigen, die erstmals in ihrem sozialen Kontext offen die Rationalität religiösen Glaubens als solches infrage stellen können und sich dem Skeptizismus oder gar Atheismus zuwenden.

»Glück« ist in Südafrika heute im Fluss. Modelle können theoretisch ordentlich unterschieden werden, aber in der Praxis können Menschen und Gemeinschaften zwischen Modellen wandern und sogar in gegensätzlichen Modellen zur gleichen Zeit leben – und sie tun es tatsächlich. Nicht unsicher ist, dass die Entstehung der modernen Vorstellung von Glück grundlegend ambivalente soziale Folgen hatte. Die große Frage ist, ob die negativen Konsequenzen eines »modernen« Modells durch den Rekurs auf die befreiende Tradition der Moderne selbst zum Positiven gewendet werden können.

Auf der anderen Seite muss man verstehen, dass Südafrika (und große Teile Afrikas südlich der Sahara) keine säkulare Gesellschaft im europäischen Wortsinne ist. Religion wird geschätzt, öffentlich dargestellt und in den Staatsorganen sogar da praktiziert, wo nach der Verfassung die Trennung von Staat und Kirche gilt. Das eröffnet die Möglichkeit, dass die kritische und christliche Vorstellung von Seligkeit und Glück einiges Potenzial haben könnte, für die Zukunft dieses Landes und Kontinents Orientierung zu stiften.

4 Das christliche Modell: »Selig ist der Mensch, der seine Freude im Gesetz des Herrn findet ...«

In den anderen Beiträgen zu diesem Band wird das weite Feld biblischer Vorstellung von Glückseligkeit genauer diskutiert. Für diesen kurzen Beitrag ziehe ich einige wenige grobe Linien, wohl wissend, dass das »biblische« und »christliche« Verständnis selbst Feld harter Auseinandersetzungen ist und dass Ideologie Menschen so verblenden kann, dass sie etwas »biblisch« oder »christlich« nennen, was überhaupt nicht auf der Linie eines ökumenischen Verständnisses des christlichen Glaubens liegt.

Modelle von Glückseligkeit 127

Man könnte einer traditionellen trinitarischen Denklinie folgen und die Vorstellung von Seligkeit und Glück des Menschen in Relation zum dreieinigen Gott entwerfen (und dabei für einen Moment das wichtige Thema vom Glück der nichtmenschlichen Kreatur außer Acht lassen). Gott, Schöpfer: Menschen wurden als Ebenbilder Gottes geschaffen und leben in enger Einigkeit mit Gott (Glück, Paradies), aber sie treten aus dieser Beziehung heraus (Gen 3–11) und werden danach dazu berufen, das Volk Gottes zu sein (Gen 12), das Freude im Gesetz des Herrn (Ps 1) und Weisheit/Glück im Wissen um Gott (Sprüche 1) findet.

Christus, Neu-Schöpfer: Die Beziehung der Menschen zu Gott und zueinander wird durch das *Heil* wiederhergestellt, das Christus in die Welt bringt. Die Gläubigen finden Freude im Herrn, unabhängig von der Situation (Phil 3,1; 4,12–13, 1Petr) und sind gesegnet in ihrem Dienst an anderen, besonders an Schwachen und an den Rand Gedrängten (Mt 5,25).
Heiliger Geist/Heiligender: Menschen sind heilig in Christus (1Kor, 1Petr) und wachsen in Seligkeit und Glück, wenn sie in den Wegen des Heiligen Geistes wandeln und die Früchte des Geistes tragen, unter denen Liebe, Glückseligkeit und Frieden (Gal 5) genauso sind wie Einheit zwischen verschiedenen Menschen (Eph 2,4)
Die theologische Aufgabe ist es nun, diese breiten theologischen Themen für spezifische Kontexte mit all ihren Komplexitäten – wie Südafrika oder Deutschland – zu interpretieren und zu re-interpretieren. Es ist nicht möglich, hier eine vollständige Darstellung dieser Aufgabe zu liefern. In einem Kontext, der von den globalen Schlagwörtern der Moderne dominiert wird, muss verkündet und verteidigt werden, dass es vernünftig ist, an Gott zu glauben und dass Rationalität selbst einer breiteren Begriffsbestimmung bedarf; dass wahre Freiheit[14] in Christus und im Dienst für andere, besonders für Schwache, gefunden wird; dass Gesetz und Evangelium autoritative moralische Vorschriften von Glück und Seligkeit für Individuen wie für die Gesellschaft sind; und dass Schrift und Tradition (reinterpretiert und als Gegenstand des historisch-kritischen und ökumenischen Konsensus) Quellen für kirchliche, soziale und persönliche Orientierung bleiben.
In einer Welt, die Glückseligkeit sucht, sind diejenigen selig, die ihre Freude im Gesetz des Herrn finden und dieses Gesetz Tag und Nacht meditieren.

---

14 Für eine überzeugende theologisch-ethische Interpretation der Freiheit im modernen Kontext vgl. *Wolfgang Huber*, Folgen christliche Freiheit. Ethik und Theorie der Kirche im Horizont der Barmer theologischen Erklärung, Neukirchen-Vluyn 1985; *ders*., Der Protestantismus und die Ambivalenz der Moderne, in: *J. Moltmann* (Hg.), Religion der Freiheit. Protestantismus in der Moderne, München 1990, 29–65; *ders*., Verantwortete Freiheit als Lebensform, in: Verantwortlichkeit – nur eine Illusion?, *Th. Fuchs / G. Schwarzkopf* (Hg.), Heidelberg 2010, 319–340.

Jürgen Moltmann

Glück-Seligkeit

Glück ist irgendwo zwischen Erfolg und Gnade angesiedelt. Sagen wir: »Es ist mir geglückt«, dann schreiben wir unseren Erfolg nicht nur uns selbst zu, sondern wissen, dass uns Gunst entgegengekommen ist. Sagen wir: »Ich habe Glück gehabt«, dann betonen wir, dass uns eine unerwartete und unverdiente Gunst widerfahren ist.
In beiden Fällen macht uns eine Glückserfahrung leicht und beschwingt, unser Leben gerät in einen schwebenden und fließenden Zustand wie »Hans im Glück« im Märchen, während uns im Unglück alle Glieder schwer werden und wir nur mit Mühe morgens aufstehen, unser Leben wird zu einer Last, Glück ruft eine »Leichtigkeit des Seins« hervor.
Aber auf sein Glück kann man sich nicht verlassen: Fortuna ist launisch und das Schicksal blind. Der eine hat Glück, der andere nicht. Dieser ungewisse Zustand macht es, dass viele Leute nach Glücksbringern suchen, auf Glückszeichen achten, das Glücksspiel versuchen und in Glückslotterien ihr Geld verlieren. Dies ist das Feld der Amulette und Volkskulte, des Aberglaubens und vieler Religiositäten, der Scharlatane und der Werbung und einer endlosen Ratgeberliteratur.
Glück macht neidisch und begehrlich. Neid ist jedoch meistens eine sehr menschliche Form der Anerkennung. Aber warum fällt uns heute das Mitleid leichter als die Mitfreude? Im Gleichnis vom »verlorenen Schaf« Lukas 15,6 ruft der Finder in seinem Glück: »Freut euch mit mir, denn ich habe mein verlorenes Schaf gefunden«. Und so sollen sich im Himmel alle Engel über einen einzigen »Sünder, der umkehrt«, mehr freuen als über »99 Gerechte«. Von griechischen Göttern wird ihr Neid auf menschliche Helden und Schönheiten berichtet, der Gott des Menschensohns, der das Verlorene sucht, aber ist voll überschwänglicher Freude und lädt uns alle zur Mitfreude mit ihm und aneinander ein.
Das Geheimnis des Glücks liegt nicht in den Händen von Fortuna oder in den Blindheiten des Schicksals. Es liegt in der vorbehaltlosen Liebe zum Leben. Das ist die Dialektik des geliebten, bejahten und gelebten Lebens: Diese Liebe macht uns glücksfähig und leidensfähig zugleich. In ihr können wir lachen und weinen, Glück empfinden und Schmerzen erleiden, uns freuen und trauern. Je tiefer uns diese Liebe ins Le-

ben führt, desto mehr öffnen wir uns für beides. Man kann das eine nicht ohne das andere haben. Wir können leicht die Gegenprobe machen. Wenn wir nach Enttäuschungen die Liebe zum Leben zurückziehen, empfinden wir weniger Schmerzen, aber wir werden auch weniger glücksfähig. Wer sich in sich selbst verkriecht und sich in einen Panzer von Empfindungslosigkeit zurückzieht, leidet nicht mehr, aber er wird auch teilnahmslos. Ihn interessiert nichts mehr, und andere interessieren sich auch nicht mehr für ihn. Es wird einem alles egal. Das ist dann das verweigerte Leben. Das ist das Samenkorn, das nicht in die Erde fällt und keine Frucht bringt, sondern allein bleibt und verdorrt. Auf Glück oder Unglück kommt es nicht an, aber auf diese Liebe zum Leben kommt es an, um überhaupt glücksfähig zu werden. Ob Glück oder Unglück: »Es muss gelebt werden!« (Antonia's Welt).
Was waren die glücklichsten Tage in meinem Leben?
– Am ersten Glückstag habe ich wahnsinnig geschrien wie alle Neugeborenen,
– am zweiten Glückstag habe ich aufgeatmet und nach 5 Jahren Krieg und Gefangenschaft zu leben begonnen. Es war eine Befreiung zum Leben,
– am dritten Glückstag habe ich mit Goethe gejubelt:
»O welch ein Glück geliebt zu werden,
und lieben, Götter, welch ein Glück ...«.

Was kann man über das Glück theologisch sagen?
Nach Kirchenväterart unterscheiden wir zwischen »Leben«, »gutem Leben« und »ewigem Leben«. Das nackte Leben erfährt man im Überlebenskampf. Das gute Leben erfährt man im Glück. Das ewige Leben erfährt man in der Gemeinschaft des lebendigen Gottes. Das gute Leben nennt man auch das »erfüllte Leben«. Lebenserfüllung aber setzt den Wunsch nach Leben voraus oder den Willen zum gelungenen Leben. Menschliches Leben muss gewünscht und gewollt werden, denn es gibt auch unerwünschtes und abgelehntes Leben. Menschliches Leben ist teilnehmendes Leben und ein Leben, an dem andere teilnehmen.
Ist der Wunsch nach Leben größer als alle irdischen Erfüllungen?
Nach Augustin, dem wir die christlich-abendländische Lebenskunst verdanken, ist der Wunsch nach Leben größer als alle Lebenserfahrungen:

»Du hast uns zu Dir hin geschaffen
und unruhig ist unser Herz in uns,
bis es Ruhe findet in Dir«.

Also bleibt in jeder Ruhe, zu der wir kommen, eine Unruhe im Herzen, und in jedem Genuss eine Triebüberschüssigkeit (Max Scheler) und in jedem Glück eine innere Leere zurück. Wir sind im Extremfall der

»Unmensch ohne Rast und Ruh«, und, wie Goethe im Faust formuliert, »im Genuss verschmacht ich nach Begierde«.
Erfülltes Leben weist über sich hinaus auf die ganze Fülle des Lebens, die wir das »ewige Leben« nennen. Jede erfahrene Gnade weist über sich hinaus auf die kommende Herrlichkeit.
Heißt das, dass wir unser Herz nicht daran hängen sollen? Heißt das, jede Glückserfahrung mit einem »eschatologischen Vorbehalt« zu versehen und alles nur so zu haben, »als hätte man es nicht?«. Kann man zu seiner geliebten Frau oder Mann sagen: »Ich liebe dich, als liebte ich dich nicht?« Nein, das geht nicht, nicht einmal im Angesicht des Todes geht das.
Was soll man dann von dem Apostel Paulus halten, der den Korinthern schreibt (1Kor 7,29):

»Die Zeit ist kurz. Fortan sollen die, die Frauen haben,
sein, als hätten sie keine, und die weinen, als weinten sie nicht,
und die sich freuen, als freuten sie sich nicht ...
und die diese Welt brauchen, als brauchten sie sie nicht.
Das Wesen dieser Welt vergeht«.

Das war sein negatives Verständnis der Naherwartung. Mein Verständnis ist es nicht. An Stelle des »eschatologischen Vorbehalts« setze ich auf die positive »eschatologische Vorwegnahme«. Das »Nochnicht« interessiert mich weniger als das »Jetzt-schon«. Im Leben kündigt sich das gute Leben schon an, im erfüllten Leben kommt schon die ewige Fülle des Lebens auf, und in der Gnade erfahren wir schon das Morgenlicht der Herrlichkeit Gottes.
Wenn »die Zeit kurz« wird, pflanze ich lieber mit Luther einen Apfelbaum, als dass mir die Äpfel egal würden. Im Angesicht des Todes und mitten im zerstörten Berlin hat Dietrich Bonhoeffer seiner Braut Maria von Wedemeyer 1945 geschrieben: »Unsere Ehe soll ein Ja zur Erde sein«. Je kürzer die Zeit erscheint, desto intensiver werde ich leben und mich an jedem neuen Tag freuen und »mit den Weinenden weinen«, wie der Apostel an anderer Stelle sagt. Wie immer die Zeit lang oder kurz erscheint:

»Siehe, jetzt ist die Zeit der Gnade,
siehe, heute ist der Tag des Heils« (2Kor 6,2).

GERDI NÜTZEL / HEINO FALCKE / ULRIKE BUNDSCHUH

»Woran erkennen wir, dass wir – durch Glück oder Unglück – dieser Seligkeit entgegengehen?«

Predigt über drei Aspekte des Glücks

Gerdi Nützel: Glück als Kontingenz (Teil 1)

Liebe Schwestern und Brüder,

»Ihr gedachtet es böse mit mir zu machen, aber Gott gedachte es gut zu machen, um zu tun, was jetzt am Tage ist, nämlich am Leben zu erhalten ein großes Volk. So fürchtet euch nicht. Ich will euch und eure Kinder versorgen. Und er tröstete sie und redete freundlich mit ihnen.«

So spricht Josef am Ende von Genesis, am Ende seiner Glücks- und Unglücks- und Glücksgeschichte, mit seinen Brüdern.

Vieles und viel Differenziertes und Interessantes haben wir in den vergangenen Tagen gehört, was Gott mit dem Glück und dem Unglück von uns Menschen und dieser bedrohten Welt zu tun hat. Und wir bringen alle eigene und fremde Lebenserfahrungen mit, die teilweise eher mit dem Titel Glücksgeschichte und teilweise eher mit dem Titel Unglücksgeschichte versehen werden könnten.
Wie kannst du das mit einem Gott, der das Glück der Menschen will, zusammenbringen, fragte mich heute vor einer Woche bei einer Geburtstagsfeier ein religiös eher distanzierter Freund, wenn ein Fünfjähriger seinem eigenen Vater vor das Auto läuft und tot ist, noch ehe er wirklich gelebt hat?
Warum straft mich Gott mit so viel Unglück, fragte mich eine 80-jährige Seniorin, die nach dem Zweiten Weltkrieg mit ihren zwei kleinen Kindern von der Sowjetarmee nach Kasachstan verschleppt wurde, ihren Mann nie mehr wieder sah, der in amerikanische Gefangenschaft geraten war, deren behinderter Sohn nach der Ausreise nach Deutschland in den 90er Jahren beim Sturz in eine Pfütze ertrank und deren Tochter – wahrscheinlich als Nachwirkung der Atomversuche in Kasachstan – an Lungenkrebs erkrankte und unter Schmerzen starb.
Für manche Lebensgeschichten gilt, dass wie in der Josefsgeschichte, die mich immer wieder in meinem Leben fasziniert hat, aus Unglück Glück erwächst, manchmal auch mehrfach und am Lebensende dann

eine positive Bilanz gezogen und für Gottes Begleitung gedankt werden kann. Manche Lebensgeschichten dagegen müssen, um als eine Glücksgeschichte verstanden werden zu können, auf die Verheißungen der Seligpreisungen ausgerichtet werden. Davon werden wir im dritten Predigtteil noch etwas hören.
In einem Text von Dietrich Bonhoeffer wird Unglück und Glück als Segen Gottes verstanden, um Menschen zu seinem Weg und Ziel mit ihnen zu führen, indem beides unsere Liebe zu Gott wecken und herausfordern kann.
So sagt Bonhoeffer in einer Losungsmeditation Pfingsten 1944 aus dem Gefängnis in Berlin-Tegel:
»Einige seiner Kinder segnet Gott mit Glück (1.Mose 39,23), er lässt ihnen alles gelingen, was sie angreifen, er ist mit ihnen, schenkt ihnen das Wohlwollen der Menschen, Erfolg und Anerkennung in ihrem Tun, ja er gibt ihnen große Macht über andere Menschen und lässt durch sie sein Werk vollbringen.
Zwar müssen auch sie meist durch Zeiten des Leidens und der Prüfung hindurch, aber was Menschen ihnen auch Böses zu tun versuchen, immer lässt es ihnen Gott zum Guten ausschlagen.
Andere seiner Kinder segnet Gott mit Leiden bis zum Martyrium. Gott verbindet sich mit Glück und Unglück, um Menschen auf seinen Weg und zu seinem Ziel zu führen. Der Weg heißt: halten der Gebote Gottes (1. Johannes 3,24) und das Ziel heißt: Wir bleiben in Gott und Gott bleibt in uns. Glück und Unglück kommen zu ihrer Erfüllung in der Seligkeit dieses Ziels: wir in Gott, Gott in uns, und der Weg zu diesem Ziel, das Gehen in den Geboten Gottes, ist schon der Beginn dieser Seligkeit. Woran erkennen wir, dass wir – durch Glück oder Unglück – dieser Seligkeit entgegengehen? Daran, dass in uns eine unwiderstehliche Liebe zu diesem Weg und zu diesem Ziel wach geworden ist, auch wenn wir oftmals auf dem Weg zu Fall kommen und das Ziel zu verfehlen drohen. Diese Liebe stammt von Gott. Sie ist der Heilige Geist, den Gott uns gegeben hat.«[1]

So lautet die Wegorientierung für Glücks- wie Unglückswege, Gottes Gebote halten und in der Liebe zu ihm bleiben. Wenn wir auf diesem Weg bleiben und dieses Ziel, das Leben und die Liebe zu und in Gott nicht aus dem Auge verlieren, wird uns Glück und Unglück zum Beginn der Seligkeit, der Glück-Seligkeit in einer manchmal schrecklich schönen und manchmal schön schrecklichen Welt. Dass uns dies in den Unglücksphasen auf diesem Weg oft zunächst unverständlich und geradezu paradox und dann doch als Trost und Hilfe zum Gehen eines nächsten Schrittes mit Gottes Hilfe erscheinen mag, macht ein Vers

---

[1] *Dietrich Bonhoeffer*, Konspiration und Haft, hg. von *Jorgen Glenthoj / Ulrich Kabitz / Wolf Krötke* (DBW 16), Gütersloh 1996, 653f.

deutlich, in dem explizit vom Glück Josefs als Gottes Gabe die Rede ist. So heißt es in Genesis 39,23 direkt im Anschluss an den Bericht, dass Josef nach seiner Ablehnung des sexuellen Missbrauchsversuchs durch die Frau des ägyptischen Finanzministers Potifar ins Gefängnis geworfen wurde: »Der Amtmann über das Gefängnis kümmerte sich um nichts; denn Gott war mit Josef, und was er tat, dazu gab Gott Glück.«

Heino Falcke: Glück als Kommunikation (Teil 2)

Liebe Schwestern und Brüder,

So sprechen die Weisen Israels: »Wer auf das Wort des Herrn achtet, der findet Glück, wohl dem, der auf ihn traut.« (Spr 16, 20) *»Höre mein Sohn, meine Tochter, und nimm an meine Worte, so wirst du lange und glücklich leben«* (4,10).

Was den Griechen die Eudaimonia war, das war für Israel die Weisheit vom guten und gelingenden Leben, vom rechten Glücksstreben, dem ein Glücksversprechen gilt. Das meiste ist dazu in den letzten Tagen schon gesagt worden. Aber einiges möchte ich noch einmal herausheben, zur Vergewisserung, vielleicht zum Mitnehmen.
Was wir Glück nennen, das heißt in der Spruchweisheit schlicht *tob*, das Gute, die Gutheit des Lebens. Es ist nicht das enthusiastische Glück des »Hohen Liedes«, es ist das Glück im Alltagsgewand, das Glück, an dem Menschen bauen, um das sie bangen und um das Völker kämpfen.
Davon sprechen die Weisen aus Erfahrung. Generationenalte Erfahrungen sprechen sie zu. Es ist eine Erfahrung, die um Gott weiß, der alles Leben durchwaltet, aber die Weisen setzen auf die *Plausibilität* der Erfahrungen für alle, die sich darauf einlassen. Sie laden zum Erfahrungsaustausch ein. Das macht diese Weisheit – finde ich – so interessant für uns, die wir uns an dem großen pluralistischen Forum zur Ermittlung des Glücks in unserer Zeit beteiligen wollen. Erfahrungsgesättigter Glaube und vom Glauben erleuchtete Erfahrung wären da gut.
»Wer auf das Wort des Herrn achtet, der findet Glück, wohl dem, der auf ihn traut.«
Unser Wort Glück ist hier, wie gesagt, eingetragen, aber es kann das hebräische *tob* in eine bestimmte Richtung auslegen: Glück ist das, was sich einstellt, nicht das, was wir herstellen. Selbst wenn wir sagen, einer habe sein Glück gemacht, so ist ihm in Wahrheit etwas ge-glückt. Das Gelingen ist das Glück, das zu unserm Machen hinzukommt. So ist es mit dem Guten, das dem weise Lebenden versprochen wird. Es folgt nicht automatisch, gesetzmäßig aus unserm Tun, ist nicht vorausberechenbar und auch nicht einklagbar, Gott lässt es uns »finden«.

Die Weisheit macht das Glück nicht machbar, sie bietet kein coaching zur Selbstoptimierung an und keine Wellness-Kur, um sich davon zu erholen. Aber *trauen* sollen wir unserm Glück, das Glück sei etwas, dem wir trauen können, sagen die Lehrer. Es ist uns so nahe wie Gott selbst und die Verlässlichkeit seiner Schöpfung. Nicht in die Ferne schweifen, immer nur »transzendieren«, genug sei nie genug, und dabei das Glück übersehen, das jetzt »seine Zeit« (Prediger 3,1ff.) hat! Traut dem Glück, das Gott euch nahebringt, das im »Nächsten« auf euch zukommt! Traut eurer Chance, euch mit euern Gaben jetzt einzubringen. Traut dem Glück des nächsten Gesprächs, in dem euch ein Licht aufgeht. Wir Deutschen, sollten wir uns, bei aller nötigen Kritik am Beitrittsprozess, nicht des unglaublichen Glücks freuen, dass die Kriegs- und Nachkriegsgeschichte so glücklich für uns ausging?
Traut auch dem Glück im Unglück! Christoph Schlingensief hat im »Tagebuch (s)einer Krebserkrankung« so bewegend davon gesprochen. Der Titel des Tagebuchs klingt – kaum fassbar – fast nach Glückseligkeit: »So schön wie hier kann es im Himmel gar nicht sein!« Hiob, der seinem Glück traute, rang auf dem Scherbenhaufen seines Glücks mit Gott um dies Vertrauen, und er bekam es neu geschenkt. Glück und Unglück gehören dialektisch zusammen, hörten wir gestern Abend.
Vor allem – sagen die Sprüche – traut dem Glück der Geselligkeit! »*Alleinsein* ist Armut« (Piet Naudé)! Der »gesellige Gott« (Kurt Marti!) hat das Glück vor allem in die Geselligkeit gelegt. Die Weisen werden nicht müde, das zu betonen: »Besser ein Gericht Gemüse mit Liebe als ein gebratener Ochse mit Hass. Besser ein trocken Stück Brot mit Frieden als ein Haus voll Opferfleisch mit Zank. (Sprüche 15,17; 17,1)
Zu hausbacken? Dann also: Kommunikation geht vor Konsum! Oder: Erst kommt das Sprechen, dann das große Mahl! (Brecht einmal spiegelverkehrt!) Oder: Besser ein Freundesgespräch am Küchentisch als ein Sektempfang mit Blablah!
Zu unpolitisch? Aber hören wir: »Ob dem Glück der Gerechten freut sich die Stadt, sie jubelt beim Untergang der Frevler« (11,10). Wir erlebten es gerade in Tunesien und Ägypten, wie die Massen über den Untergang der Kleptokraten jubeln. Aber wo sind die Gerechten, »ob deren Glück sie sich freuen könnten«? Ihr Europäer, werdet Gerechte, »ob deren Glück« sich die Nordafrikaner freuen! In den Sprüchen heißt es knallhart: Wer den Geringen bedrückt, der schmäht dessen Schöpfer (14,21).
Noch einmal zum Schluss: Wer auf das Wort des Herrn achtet, der findet Glück, wohl dem, der auf ihn traut.

Ulrike Bundschuh: Glück als Antizipation (Teil 3)

Jesus sah die Volksmenge an und stieg auf den Berg. Und nachdem er sich gesetzt hatte, traten seine Schülerinnen und Schüler zu ihm. Und er öffnete seinen Mund und lehrte sie so:
Glückselig sind die Armen im Geist, weil ihnen das Himmelreich gehört.
Glückselig sind die Trauernden, weil sie getröstet werden.
Glückselig sind die Gewaltlosen, weil sie das Land erben werden.
Glückselig sind, die nach der Gerechtigkeit hungern und dürsten, weil sie gesättigt werden.
Glückselig die Gütigen, weil sie Güte empfangen werden.
Glückselig die reinen Herzens sind, weil sie Gott sehen werden.
Glückselig sind die Friedensstifter, weil sie Kinder Gottes heißen werden.
Glückselig sind die Verfolgten um der Gerechtigkeit willen, weil ihnen das Himmelreich gehört.
Glückselig seid ihr, wenn sie euch schmähen und verfolgen und lügnerisch alles Böse gegen euch sagen um meinetwillen.
Freut euch und jubelt, weil euer Lohn im Himmel groß ist. Denn so haben sie die Propheten vor euch verfolgt.[2]

Eine Menge Menschen mit glücklichen Gesichtern: Sie lachen und weinen vor Glück; ihre Augen strahlen; sie singen, jubeln, liegen sich in den Armen. So haben sich mir die Bilder auf dem Tahrir-Platz in Kairo am 11. Februar 2011 eingeprägt.
Nach Jahrzehnten von Repression und Polizeiterror ist es dem ägyptischen Volk gelungen, sich gewaltfrei zu befreien und seine Hoffnung auf einen demokratischen Staat wirklich werden zu lassen.
»Glückselig sind die Gewaltlosen, weil sie das Land erben werden.«
Jetzt sind sie an dem Punkt angekommen, an dem es um die Zuteilung ihres Erbes und ihres Landes geht. Die korrupte Ausplünderung und die räuberische Bereicherung hat am 11. Februar ihr Ende gefunden. Viele haben ihr Leben und ihre Existenz für diesen Wandel daran gesetzt, Frauen und Männer. Ich erinnere mich an ein Interview mit einem Zahnarzt aus Kairo, der sich bis dahin noch nie politisch betätigt hatte. Als die Proteste losgingen, ergriff er den Kairos, schloss seine Praxis und verbrachte die Tage auf dem Tahrir. Jetzt war das das Wichtigste im Leben: auf eine Zukunft hinzuwirken, in der ich meine Meinung äußern kann, ohne Angst zu haben, dafür in ein Gefängnis zu kommen, eine Zukunft, in der die Menschen in Ägypten teilhaben können an der Macht wie am gesellschaftlichen Reichtum.
Möge ihnen dieser Weg gelingen!

---

2 Mt 5,1–12. Übersetzung nach *Peter Fiedler*, Das Matthäusevangelium, ThKNT, Band 1, hg. *E.W. Stegemann / P. Fiedler /, L. Schottroff /, K. Wengst*, Stuttgart 2006.

Ist es erlaubt, die Seligpreisungen so konkret auf eine historische Situation hin zu lesen?
Und wenn die friedliche Demokratisierung nicht gelingt, weil es im Machtgefüge der Welt nicht opportun ist?
Ist es naiv und gefährlich, Gottes Willen dort in einem Moment der Geschichte realisiert zu sehen?

Ich denke an die Menschen, die in den Wochen vor dem 11. Februar ihr Leben gelassen haben. Von 365 Toten ist die Rede; und im Moment sterben Menschen in Libyen und Bahrain in ihrem Kampf für die Freiheit. Viele Menschen trauern um ihre Angehörigen:
»Glückselig sind die Trauernden, weil sie getröstet werden«, sagt Matthäus. An dieser Stelle wird das griechische Wort »parakalein« verwendet mit der Konnotation, dass Menschen Trost brauchen, weil sie auf *gewaltsame Weise* ihre Angehörigen verloren haben. Bereits bei der Schilderung des bethlehemitischen Kindermordes im Kap. 2 gebraucht Matthäus diese Vokabel und zitiert dort Jeremia: »In Rama hat man ein Geschrei gehört, viel Weinen und Wehklagen; Rahel beweinte ihre Kinder und wollte sich nicht trösten lassen, denn es war aus mit ihnen.«
Die Trauer in der historischen Situation des Exils und die Trauer in der gegenwärtigen Situation unter dem König Herodes werden zusammengebunden. Potentaten sichern ihre Macht mit Mord und Gewalt. Und wie Gott bei Jeremia die Rückkehr nach Hause verspricht, so werden die Trauernden bei Matthäus auf Jesus als den Messias hingewiesen, der in seiner Person die Gottesherrschaft aufrichtet und die tröstet, die Opfer von Gewalt geworden sind.
Davon wird nicht nur gesprochen, dass das so sein soll, sondern es geschieht bereits: Deshalb lässt Matthäus Jesus vor der Verkündigung der Bergpredigt die kranken und leidenden Menschen heilen. Für uns heißt es, dass Gott bei denen ist, die den Weg der Gewaltlosigkeit beschreiten. Gott freut sich mit den Glücklichen auf dem Tahrirplatz und tröstet die, die trauern.

Wenn wir nun einen Blick auf die Gesamtheit der 10 Seligpreisungen werfen, dann wird ein Fächer aufgeschlagen, der die verschiedenen Facetten zeigt, die den Weg der Gerechtigkeit ausmachen. Jede einzelne Seligpreisung steht für das Ganze. Ob wir nun den Weg der Gewaltlosigkeit verfolgen oder der Gerechtigkeitsfrage nachgehen, ob wir Opfer von Gewalt und Armut werden, das gehört zusammen und steht unter der Verheißung, dass die Gerechtigkeit von Gott aufgerichtet wird.
Die Glückseligkeit hängt nicht am Gelingen oder Misslingen derer, die sich z.B. um Barmherzigkeit bemühen oder darum, Friedensstifter zu sein – sondern glückselig werden sie gemacht von Gott. Viele Neben-

sätze, mit *oti* eingeleitet, sind passivische Formulierungen – die Glückseligkeit ist ein Geschenk, das wir versprochen bekommen.
Wir werden ermutigt, uns auf den Weg der Armut, der Sanftmütigkeit, der Gerechtigkeit, der Barmherzigkeit, der Friedfertigkeit einzulassen, weil es der richtige Weg ist.
Aus dem Wissen um die Verstrickung in die Systeme der Macht, aus der Ratlosigkeit von verfahrenen politischen Situationen wie in Afghanistan führt uns dieser Weg hinaus: Es ist richtig daran festzuhalten, dass Frieden nur durch den Verzicht auf Gewaltanwendung erreicht werden kann. Es ist richtig, sich selbst in dieser Schlichtheit treu zu bleiben. Uns wird versprochen, dass Gott alles Schmerzhafte auf diesem Weg in Glück verwandeln wird.
Amen.

Reiner Strunk

Andacht

In dem ganzen, zuletzt ja auch recht unübersichtlichen Gewebe dessen, was wir das ›Glück‹ nennen, möchte ich einem besonderen Faden folgen, der da jedenfalls auch hineingewebt ist. Möglicherweise handelt es sich sogar um den Leitfaden. Ich meine den Dank. Und da nun nicht die Dankespflicht, die man uns erzieherisch und religiös eingeimpft hat, früher einmal; nicht diese ›schuldige‹ Dankespflicht, sondern eine Dankeslust. Ein beglücktes Danken und ein dankendes Glücklichsein. Matthias Claudius war ein Meister, beides zu verbinden und beides zu leben: im Danken glücklich und im Glück dankbar zu sein.
Eines seiner schönsten Lieder, das irgendwie nicht den Weg ins Evangelische Gesangbuch gefunden hat, beginnt mit dem Vers:
»Ich danke Gott und freue mich …«
Da schwingt schon beides kräftig ineinander: die Freude schwingt in den Dank, der Dank wird zum Vehikel, in dem die Freude sich bewegen kann.
Und es ist ganz einfach! Nichts Kompliziertes dabei, wie ja alle Spontaneität das scheinbar so Differenzierte und Komplizierte souverän beiseite lässt.
Das Lied hat Claudius im III. Teil seiner ›omnia sua‹, der Sammlung seiner Beiträge aus dem Wandsbecker Boten 1777 veröffentlicht. Biographisch betrachtet ging es ihm gar nicht gut damals. Eine Broterwerbsstelle in Darmstadt, wo er sich als Oberlandkommissar mit landwirtschaftlichen Verhältnissen und mit kommunalen Haushaltsdingen befassen musste, war bald zu Ende gegangen, unglücklich zu Ende gegangen, darf man sagen. Er hatte sie bereits mit unglücklichen Ahnungen angetreten. Auf dem Weg zurück ins geliebte Wandsbeck, mit Frau und zwei Töchtern gesegnet (erst einmal, es sollten noch drei dazukommen, bevor der lang ersehnte Sohn das Licht der Welt erblickte – an Herder schrieb er dazu: »Aber warum eure Karolina lauter Knaben und meine Rebecca lauter Mädchen an die Welt bringt, begreif ich nicht – Ihr mögt denn besondere Schwänke haben, davon unser einer nichts weiß«); noch vor dem Heimweg also wurde er von einer bösen Erkrankung befallen, einer lebensgefährlichen Rippenfellentzündung, die er mit Mühe überstand.
»Ich danke Gott und freue mich …«

Andacht

Das gehört in diese Zeit und dürfte deshalb nicht ganz so unbedarft und krisenfern aufzufassen sein, wie es auf den ersten Blick wirken könnte. Spontane Regungen von Freude, von Dank brauchen ja kein Zeugnis von Unerfahrenheit zu sein. Und wenn man Claudius mit seinen Gedichten und Liedern gern bescheinigt hat, er sei doch eine recht naive Natur gewesen, mit einer weder problemhaltigen noch literarisch anspruchsvollen Poesie, dann verkennt man seine Absichten und auch, denke ich, seine Gaben. Das Einfache, das einen Menschen ausmachen kann, muss kein Indiz für Naivität sein. Denn das Einfache steht nicht unbedingt am Anfang, es kann auch am Ende eines Erfahrungs- und Reflexionsweges stehen.

Und einfach war Claudius zweifellos.
Später, bei der Kommentierung theologischer und politischer Vorgänge auch in einer Weise einfach, dass es einige Freunde zum Kopfschütteln brachte. Aber vor allem war er einfach in seinem Glauben, seinem Danken, seiner Glückserfahrung.
Die erste Strophe des Liedes, das dieser Einfachheit wunderbaren Ausdruck gibt, lautet:

>»Ich danke Gott und freue mich
>Wie's Kind zur Weihnachtsgabe,
>Dass ich bin, bin! und dass ich dich,
>Schön menschlich Antlitz! habe.«

Auffällig wirkt dieses doppelt erscheinende, im Original zusätzlich mit Ausrufungszeichen hervorgehobene »bin, bin!«. Der Dank gilt Gott und betrifft das ganze eigene Leben. Diese einfache und zugleich so grundlegende, auch fürs Glück so grundlegende Entdeckung, dass das persönliche Dasein, das lebendige In-der-Welt-Sein keine Selbstverständlichkeit darstellt. Es ist ein Anlass zum Erstaunen. Entdeckung eines Wunders.
Allerdings eines Wunders, das sich ohne Sensationseffekte vollzieht. Es kann deshalb auch, unter den Bedingungen täglicher Lebensbewältigung, den Glanz des Erstaunlichen gewaltig einbüßen. Darum setzt Claudius gegen die Wahrnehmungstrübungen, die das Gewohnte mit sich bringt, einen hübschen Akzent im Titel des Liedes, nämlich: »Täglich zu singen«. Das ist keine Aufforderung zur Dankespflicht, sondern zur Erinnerung: ein Dank-Memento gegen die Vergesslichkeit, die Laxheit beim selbstverständlichen Hinnehmen des nicht selbstverständlich Gegebenen. – Nicht täglich, aber immerhin geburtstäglich wurde das Danklied von Claudius offenbar in Finkenwalde gesungen. Bonhoeffer notiert es in einem Brief an Bethge, als er an damalige Geburtstagsfeiern erinnert: »Das Singen vor der Tür, das Gebet bei der Andacht, das Du an diesen Tagen übernimmst, das Claudius'sche Lied, das ich Gerhard (gemeint ist Gerhard Vibrans) verdanke,

– dies alles bleiben schöne Erinnerungen, denen die scheußliche Atmosphäre hier nichts anhaben kann«.[1] Anzumerken ist weiter, dass im letzten Vers der ersten Liedstrophe neben dem persönlichen Dasein das »schön menschlich Antlitz« genannt wird. Denn gemeint ist damit ja nicht eine mehr oder weniger ansprechende Physiognomie, über die sich der befreundete Lavater vielerlei und dem guten Claudius ziemlich befremdliche Gedanken machte, sondern die menschliche Wahrnehmungsfähigkeit. Dieses Fenster nach außen, das zu sehen und zu bewundern erlaubt, so wie es dann in der zweiten Strophe heißt:

> »Dass ich die Sonne, Berg und Meer
> Und Laub und Gras kann sehen
> Und abends unterm Sternenheer
> Und lieben Monde gehen.«

Das ist Anknüpfung an den Lobpreis Israels in den Schöpfungspsalmen, natürlich mit den Stilmitteln präromantischer Naturlyrik versetzt, aber ohne alle Künstlichkeit, ohne falsche Attitüde, wirklich spontanes und einfaches Besingen des eigenen Daseins in einer großen Schöpfungsgemeinschaft.
Und wem das denn doch zu harmonisch vorkommt und zu entfernt von den Kräften und Konflikten, die die Welt in Atem halten, der sei an die vierte und fünfte Strophe verwiesen, wo Claudius in seinem Danken durchaus Platz hat für ein paar behutsam weltkritische und selbstironische Anspielungen:

> »Ich danke Gott mit Saitenspiel
> (dies ist ganz origineller Psalmenton, aber dann:)
> Dass ich kein König worden;
> Ich wär' geschmeichelt worden viel
> Und wär' vielleicht verdorben.
>
> Auch bet' ich ihn von Herzen an,
> Dass ich auf dieser Erde
> Nicht bin ein großer reicher Mann
> Und auch wohl keiner werde.«

Selbstbescheidung, die sich im Raum des Dankens bewegt, hat keine Spur des Missgestimmten und des Sauertöpfischen bei sich. Sie ist im besten Sinne heiter. Und sie weiß sich eng verwandt mit der vergnügten Sorgenfreiheit, die Jesus in der Bergpredigt poetisch zur Sprache bringt mit Blick auf die unbeschwerte Daseinsfreude bei Blumen auf dem Felde und Vögeln unter dem Himmel. Claudius erinnert daran

---

[1] *Dietrich Bonhoeffer*, Widerstand und Ergebung. Briefe und Aufzeichnungen aus der Haft, DBW 8, *Ch. Gremmels / E. Bethge / R. Bethge* (Hg.), München 1998, 316.

Andacht

und beschließt damit sein Danklied (ich meine: das Danklied eines glücklichen Menschen) in der letzten Strophe:

»Gott gebe mir nur jeden Tag,
So viel ich darf (= bedarf) zum Leben.
Er gibt's dem Sperling auf dem Dach;
Wie sollt' er's mir nicht geben!«

Autorinnen und Autoren

Heinrich Bedford-Strohm, geb. 1960 in Memmingen, ist Professor für Systematische Theologie und Theologische Gegenwartsfragen und Leiter der Dietrich-Bonhoeffer-Forschungsstelle für Öffentliche Theologie der Otto-Friedrich-Universität Bamberg sowie Außerordentlicher Professor an der Universität Stellenbosch/Südafrika. Ab November 2011 übernimmt er das Amt als Landesbischof der Evangelisch-Lutherischen Kirche in Bayern.

Christiane Bindseil, geb. 1973 in Tokio, war nach Studium und Vikariat bis 2008 Studienleiterin am Ökumenischen Institut und Wohnheim der Universität Heidelberg. Seitdem ist sie Pfarrerin am Mehrgenerationenhaus Heidelberg. 2010 wurde sie promoviert mit einer Arbeit über das »Glück als Thema christlicher Theologie«.

Ulrike Bundschuh, 1960 geboren in Stuttgart, ist seit 2010 Pfarrerin in Karlsruhe-Durlach. Davor hat sie in verschiedenen Arbeitsfeldern der Diakonie gearbeitet.

Heino Falcke, geb. 1929 in Riesenburg, war bis 1994 Propst der Evangelischen Kirche der Kirchenprovinz Sachsen und gilt als eine der profiliertesten Persönlichkeiten in Kirche und Theologie der DDR und einer der Nestoren der friedlichen Revolution. Falcke promovierte 1958 und habilitierte sich 1961 an der Theologischen Fakultät der Universität Rostock. 1984 wurde ihm von der Universität Bern die Ehrendoktorwürde verliehen.

Christian Illies, geb. 1963 in Kiel, ist Professor für Philosophie an der Otto-Friedrich-Universität Bamberg. Nach seinem Studium der Biologie (Diplom Universität Konstanz) und Kunstwissenschaft promovierte er über Kants praktische Philosophie (Universität Oxford) und habilitierte über Begründungsfragen der Ethik (RWTH Aachen). Bis 2008 Hochschuldozent und Professor für Philosophie der Technik und Kultur an den Universitäten Eindhoven und Delft. Gastprofessuren in Berlin (ECLA) und der University of Notre Dame (USA). Seit 2008 lehrt er Philosophie in Bamberg.

Autorinnen und Autoren

Isolde Karle, geb. 1963 in Schwäbisch Hall, ist seit 2001 Professorin für Praktische Theologie, insbesondere Homiletik, Liturgik und Poimenik, an der Evangelisch-Theologischen Fakultät der Ruhr-Universität Bochum. Ihre Forschungsschwerpunkte sind Professionstheorie, Seelsorge, Gendertheorie, Religion und Krankheit, Religionssoziologie und Kirchentheorie/Kirchenreform. Zu letzterem führt sie gegenwärtig ein DFG-Projekt mit Detlef Pollack und Karl Gabriel (Münster) durch.

Ulrike Link-Wieczorek, geb. 1955 in Rotenburg/Wümme, ist Professorin für Systematische Theologie und Religionspädagogik an der Carl von Ossietzky Universität Oldenburg. Sie verbindet in ihrer theologischen Arbeit einen ökumenisch profilierten Forschungsschwerpunkt mit dem Interesse an einer lebensweltlichen Erschließung christlicher Glaubenssprache. Zur Zeit ist sie von der EKD berufenes Mitglied in der ÖRK-Kommission für Faith and Order sowie im Deutschen Ökumenischen Studienausschuss (DÖSTA).

Ralf Miggelbrink, geboren 1959 im Münsterland, Promotion zum Dr. theol. 1989 in Münster, Habilitation für Dogmatik 1999 in Innsbruck, seit 2001 Professor für Systematische Theologie an der Universität Duisburg-Essen

Jürgen Moltmann, geb. 1926 in Hamburg, ist emeritierter Professor für Systematische Theologie an der evangelisch-theologischen Fakultät der Eberhard-Karls-Universität in Tübingen. Er ist Autor zahlreicher Bücher, die in viele Sprachen der Welt übersetzt worden sind. Er war Vorsitzender der Gesellschaft für Evangelische Theologie 1978 bis 1994.

Piet Naudé, geboren 1956, in Lady Grey, South Africa, ist Professor für Ethik und Vizepräsident der Nelson Mandela Metropolitan University in Port Elizabeth, Südafrika. Nach einem Master in Philosophie promovierte er an der Universität Stellenbosch in Systematischer Theologie Er ist Stipendiat der Alexander-von-Humboldt-Stiftung sowie lebenslanges Mitglied des Centre for Theological Enquiry in Princeton, USA.

Thomas Naumann, geb. 1958 in Rodewisch (Vogtland), ist Professor für Biblische Exegese und Biblische Theologie (Schwerpunkt Altes Testament) an der Universität Siegen. Er ist Vorstandsmitglied der Gesellschaft für Evangelische Theologie.

Gerdi Nützel, geb. 1961 in Kulmbach, ist Pfarrerin der Evangelischen Kirche in Berlin-Brandenburg. Ihre Promotion untersuchte die Entwicklung der Theologinnenarbeit in den lutherischen Kirchen Bayerns (Westdeutschland), Mecklenburgs (Ostdeutschland) und Brasiliens bis in die Aufbruchszeit 1989/1990. Von 2001 bis 2011 arbeitete sie als Theologische Referentin beim Berliner Missionswerk und beim Ökumenischen Rat Berlin-Brandenburg. Im Mittelpunkt ihres praktischen und publizistischen Engagements stehen Themen wie das Gewalt- und Friedenspotential der Religionen, das Geschlechterverhältnis sowie die öffentliche Präsenz von Religion aus interreligiöser Perspektive.

Reiner Strunk, geb.1941, war Pfarrer, Studienleiter und Direktor der Fortbildungsstätte Kloster Denkendorf. Er ist Verfasser zahlreicher Publikationen, zuletzt über Mörike, Hölderlin und eine Poetische Theologie.